U0525855

给重庆移通学院、晋中信息学院、泰山科技学院的同学们！

生活中的经济学

如何讲好

谢作诗 赵云 著

华夏出版社
HUAXIA PUBLISHING HOUSE

图书在版编目（CIP）数据

如何讲好生活中的经济学 / 谢作诗，赵云著. --北京：华夏出版社有限公司，2024.8. -- ISBN 978-7-5222-0730-8

I. F0-49

中国国家版本馆CIP数据核字第2024WF7869号

如何讲好生活中的经济学

作　　者	谢作诗　赵　云
责任编辑	陈学英　罗　云
责任印制	周　然

出版发行	华夏出版社有限公司
经　　销	新华书店
印　　装	三河市万龙印装有限公司
版　　次	2024年8月北京第1版 2024年8月北京第1次印刷
开　　本	880mm×1230mm　1/32
印　　张	10
字　　数	215千字
定　　价	68.00元

华夏出版社有限公司　地址：北京市东直门外香园北里4号　邮编：100028　网址：www.hxph.com.cn　电话：（010）64663331（转）

若发现本版图书有印装质量问题，请与我社营销中心联系调换。

代序言
思维还是知识？

谢作诗教授的经济学通识教材《麻辣烫经济学：经济学通识二十一讲》已经出版几个月了。在他的书刚出版时，他就给我送了几本，希望我帮他写个书评，并且专门强调他特别看重我的书评。除了我和他学术理念和知识结构相近外，更重要的原因是，我从事经济学类通识课教学已经 20 年了，也出版过几本经济学通识教材，对于如何上好通识课程有自己的心得，他认为他在与我的交流中也学习到很多。

对于谢兄的要求，我向来是不拒绝的。谢兄是我非常尊重的学者，他在反复思考打磨经济学核心概念以提升经济解释力方面投入甚多，收获也甚多。谢兄能将其所思所想变成文字，整合为通识课教材，惠泽后学，是一件功德无量的事情。

尽管国内通识教育方兴未艾，但对于通识课程应该教什么、怎么教等方面的探索仍处于起步阶段。一个根深蒂固的误解是，通识课程是面向非专业学生的，仅仅是学生专业课程学习过程中的"甜点"和"调味品"，起到的作用仅仅是普及点其他学科的知识，因此上的内容要简单，只要上课风趣，能把学生吸引住就行了。这使得通识教材往往是专业原理类课程的平移简化，如国内出版的应用于通识课程教学的经济类教材往往是曼昆《经济学原理》的简化版本，加上一些老师对通识教育本质的误解，片面追求课程的趣味性，使得通识课成为吹牛和胡诌的课堂，看上去师生关系融洽，笑声不断，但在事后评估，学生在通识课程中几乎没学到什么。这不是水课是什么？

其实，通识教育是大学教育的核心和本质性要求，面对越来越复杂的社会，单纯的专业教育的狭隘性限制了学生的视野，无法适应复杂社会的诸多挑战。拓展学生的视野、了解多样化的知识、培养学生看待社会的思维，成为通识教育的本质性要求。但无论如何，一个学生在大学里能够选修的课程是有限的，这就要求通识课程不能是水课，必须是围绕通识教育的目标，精心设计、分量足足的金课。

经过长时间的发展，经济学已经构建起了一套独特的观察真实世界的方法，即经济学的思维方式。作为经济学通识课程，真正需要的是将经济学的思维方式传递给学生，培养学生应用经济学思维方式看待真实世界的能力。十年二十年以后，具体的知识会遗忘，但思维方式却会伴随学生的一生，潜移默化地影响学生的世界观和人生观。这才是经济学通识课程的核心教学目标。

为实现这个教学目标，经济学通识课程绝不能只是简单地平移和简化专业的经济学原理课程内容，因为这些教学内容无法实现培养学生像经济学家一样思考的目标，需要将专业的经济学原理课程教学内容按照通识课程的要求进行大幅度的调整，将核心的经济学理念讲深讲透，并通过大量的应用促使学生真正了解经济学的核心理念。与此同时，因为通识课程是面向非专业学生的，在讲授上，需要用浅显易懂的语言进行讲授，否则吸引不了学生的注意力，也就无法达到通识教育的目标。

谢作诗教授作为长期从事现代经济学普及的学者，应用浅显易懂的语言讲授经济学是其专长，这种专长在《麻辣烫经济学：经济学通识二十一讲》中体现得淋漓尽致，任何一个具有初高中学历的人，都能读懂谢兄的这本经济学通识教材。但这并不意味着这本教科书内容不深，我曾经和谢作诗教授在电话中开玩笑说，谢兄的这本书，会让没有学过经济学的学生觉得应用经济学分析和解释真实世界是如此的简单，但对于有经济学基础的人而言，会发现这本书中有大量发前人所未发、值得认真思考和对待的新想法。本书真正实现了通俗易懂和讲深讲透的结合，这样的书才是好的通识教材。

非常难得，谢兄把经济学核心理念整理成篇幅相当的二十一讲，而每一讲都能应用简单明了的语言传递经济学的核心思想，并通过案例和具有一定难度的思考题，促使学生去思考经济学的核心理念及其在真实世界中的应用，以方便在教学中使用。

记得谢兄有一次打电话问我，这本通识教材能不能推广。

我的回复是很难。因为会使用谢兄这本教科书的老师，不光需要认同经济学通识课程的真正核心是培养学生的经济思维，也需要了解芝加哥学派的经济学，掌握芝加哥学派独特的分析方法，更需要认同芝加哥学派所倡导的经济学的核心是对真实世界提供经济解释的经济学理念。在经济学高度数字化和技巧化的今天，很少有老师愿意在教学上付出那么多去重新构建一套新的教学范式以便协助学生构建经济学思维。

谢兄经济学通识教材的出版，为经济学爱好者提供了学习真实世界经济学非常好的读本，这是一件非常值得庆贺的事情。特此推荐，希望谢兄不要埋怨我写作这篇书评晚了。

俞炜华

2022 年 9 月 1 日

前 言
让经济学课堂有趣起来

近两年我们团队在经济学教学上做了一些功课，成果之一是《麻辣烫经济学：经济学通识二十一讲》的出版。这本书讲的是最深刻的经济学思想，而读过该书的人都说通俗易懂。

应该说，在思想深刻和通俗易懂方面，我们取得了一定的成绩。但思想深刻、通俗易懂只是我们的初级目标。我们的最终目标是让经济学课堂有趣起来。我相信，经济学课不仅可以做到深刻与通俗一体，而且可以做到实用与有趣并重。

例如，在讲成本概念的时候，可以指定一位女生、一位男生，假设他们在谈恋爱，并请这位男生回答：你给她买的花、送的礼物是不是跟她谈恋爱的成本？把"她"字去掉，花、礼物是不是你谈恋爱的成本？

然后面对女生，说出答案："要具体情况具体分析。假如他不和你谈恋爱，不用给你买花、送礼物，但是他还要和别人谈恋爱，他照样要买花、照样要送礼物，那么他给你买的花、送的礼物，就不算他和你谈恋爱的成本。只有他不和你谈恋爱后，从此看破红尘，不再谈恋爱，不需要给其他人买花、送礼物了，那么他给你买的花、送的礼物，才是和你谈恋爱的成本。而如果把'她'字去掉，这位男生买的花、送的礼物就是他谈恋爱的成本。因为，前一个问题是在不同女生之间做选择，后一个问题是在谈与不谈恋爱之间做选择。"

讲完这部分内容后，再告诉全体女同学：假如你的男朋友告诉你，他给你买的礼物、送的花是跟你谈恋爱的成本，你应该怎样回答？应该坚定地说：NO！

成本不只是一个概念，更是一种看世界的方式。当看到某个事物存在缺陷时，我们不能简单地说那就无效率、不合理，而要看有没有更好的选择，没有更好，那么就是最好。

这时，让女生齐声朗读"没有最好，只有更好"，并告诉男生，听见了吗，女同学要你们：永不满足，精益求精。然后再让男生齐声朗读"没有更好，就是最好"，并告诉女生，男同学的回答是：别看我不完美，还有缺点，但没有更好，我就是最好。

接下来，可以再讲几个很不符合今天价值取向的古代例子，比如媒妁之言、"杀婴"。告诉同学们：必须仔细考察，在当时的约束条件下有没有更好的选择；如果没有，那么尽管存在缺陷，甚至残忍，也仍然是最好的。这时，再让男生、女生一起齐声朗读：没有更好，就是最好。

又如，在讲房产税并不能降低房价的时候，可以先渲染很多人都认为房产税能够降低房价，然后告诉同学们：这其实是错的，如果我能说服大家，就请大家给我一点掌声；如果说不服了大家，我就咬舌自尽。不管出于什么目的，一般来说学生首先就会鼓掌。

而如果我们能够浅显易懂地让同学们明白：预期到的房子，即便暂时没有在市场上出售，也要计算在供给内。房产税的确会让炒房客抛售手中的房子，但这些房子早在市场的预期之中，因此房产税只改变在售和待售的房子的比例，并不增加总供给，因而也就不能降低房价。此时大概率会有掌声。如果没有，老师可以讲一句"此处应该有掌声"，一般学生也会给掌声的。

然后，在PPT上醒目地显示"预期决定人的行为！预期决定人的行为！预期决定人的行为！"并大声读出来，接着一字一顿地说"重要的话……"，大概率，有学生跟"讲三遍"。你们自己说的讲三遍，那就齐声念三遍。于是就可以让学生齐声读三遍。

这样讲课，内容就不会枯燥，课堂气氛就容易活跃。

让课堂有趣起来的手段远不止这些。

有时，一个好的问题就能产生意想不到的效果。我有时上课，课前会抛出几个问题，并告诉同学们：答对了60%就可以不用上课，答对了50%就可以在课堂上玩手机。可能因为从来没有老师这样做的缘故，同学们马上窃窃私语、活跃开了。

有时，一个细节的设计也能让课堂活跃。例如，为了说明民主投票决定搞福利的不合理性，我会让同学们思考：让全班同学投票决定要不要让女生请男生吃饭，这样做合理不？这时，一般会有男同学起哄，说合理。但如果问题是让全班同学投票决定要不要让男生请女生吃饭，恐怕就没人起哄了。又如，在讲收入减少后消费不是简单减少，而会发生大幅减少高档品、增加低档品消费的时候，我喜欢问女同学：因为疫情的原因，爸妈的收入下降了，给你们的零花钱也少了；过去你们买高档化妆品如雅诗兰黛，现在你们有两种选择，一种是不买化妆品了、素面朝天去见男朋友，另一种是买低档一点的大宝，你们会选择哪一种？当我说出大宝时，很多同学会会心一笑。是否说出大宝这个名字，效果都会有很大的差异。

让课堂有趣起来的元素有很多，前提是我们要做有心人。我们每个人每学期发现一个知识点有趣的讲法，彼此分享，两三年下来，大体上就可以让每一堂课充满趣味。

本书主要讨论如何讲好经济学，讲了经济学教育中存在的问题、一般的教学技巧和具体的教学案例。要把课讲好，关键是提高自身的经济学水平。水平这种东西，一旦上去了，是下不来的。一个人，不可能说本来能把课讲好，偏偏不讲好。而要学好经济学，方法必须得当。为此，第五章讨论了学习的方法。这部分内容是我年轻时写的，所以用了很多数学例子。

经济学是科学。要学好、讲好经济学，必须懂得科学方法。第六章讨论了科学方法问题。

既然讲方法，自然要体现所讲方法的成效。第七章、第八章分别讨论了主流经济学和行为经济学的错误。如果我的方法不好,那么是不大可能系统发现现有经济学的错误的。

这本书是写给经济学老师的,不过,对一般人来说,应该也是一本很有意思的书。

谢作诗

2022 年 7 月 6 日

目　录

第一章　概　论

捅破一层纸，推开一扇窗 / 3

人人都能学好经济学 / 8

道之不存，术将焉附 / 12

思想如鱼，生活如水 / 16

经济学通识讲什么 / 20

如何知道理论好不好 / 24

标准答案害人不浅 / 28

充满成见如何教学生 / 32

你是在给老板打工吗 / 37

第二章　育人先育己

教学无捷径 / 43

心中有基准 / 48

灵感哪里来 / 55

逻辑要一致 / 60

把概念、原理用到极致 / 64

研究问题，要从小处着手 / 69

至少要熟悉两个流派 / 73

不仅看到看得见的，还要看到看不见的 / 77

第三章　实战篇：一般技巧

重视第一次 / 83

讲好导论课 / 87

讲课要曲折婉转 / 92

例子要精挑细选 / 97

慎用假想的例子 / 102

用身边事例讲经济学 / 106

婚恋是讲课的好题材 / 110

想办法让同学参与进来 / 114

潜心研究学生心理，增加时代元素 / 117

第四章　实战篇：案例展示

导论得那样写，课不必那样讲 / 123

这样讲成本学生会喜欢吗 / 128

将有关价格的内容串起来讲 / 134

私域与公域：一种探索性讲法 / 140

产品定价：讲出底层逻辑和特色 / 152

套利是检验学问通透与否的试金石 / 160

让学生做一回课堂主角 / 165

第五章　学习的方法

要坚持只有自己能说服自己 / 171

问题要达、要浅、要有不同答案的可能性 / 174

要与高人过招 / 177

要依对象而选择学习方法 / 180

文章要"倒着读" / 183

时刻不要忘记问"为什么" / 188

学问之道是求同而不是存异 / 192

最重要的是建立理论"基准" / 196

什么课程认真学有讲究 / 201

第六章　科学方法

证实和证伪都很奢侈 / 207

证伪主义的真实含义 / 211

从归纳到演绎 / 215

实证分析和规范分析 / 220

局部均衡和一般均衡 / 224

因果关系和相关关系 / 228

充分条件和必要条件 / 233

第七章　主流经济学反思

传统理性假设不完备，有限理性假设又不可证伪 / 239

机会主义、卸责、偷懒、敲竹杠、搭便车误入歧途 / 242

正确定义成本后，几乎没有正确应用过 / 245

不知竞争为何物 / 249

权利主义和功利主义边界不清 / 252

效率概念没有一般化 / 256

博弈论是数学不是经济学 / 260

第八章　行为经济学误入歧途

那个否定理性假设的"经典实验"不成立 / 267

理性和完全理性、有限理性不是一回事 / 271

没有理性人假设，怎么能有成本概念呢 / 275

利他要处理成利己的产物 / 279

换零钱现象证明"禀赋效应"并不存在 / 283

广泛存在的放贷行为否定"双曲贴现" / 287

心理账户、凸性偏好与需求定律 / 291

政府助推美但逻辑有缺陷 / 295

第一章 概论

捅破一层纸，推开一扇窗

教育，不是给人一个标准答案，这是对的，那是错的，而是教授思考的方法、养成良好的生活习惯，帮学生建立起观察世界的视角。

很多道理并不难懂，就是一层窗户纸，但如果没有人捅破，那就是一堵墙，人的认知就会有天壤之别。捅破或者引导捅破这层窗户纸，是老师的使命和责任。一层窗户纸隔着的不是一毫米、一厘米，很可能是两个世界。

大灾之后，米价飞涨。当看到有人买不起米而挨饿的时候，出于同情心，很多人都会认为灾后涨价是发国难财，应该打击这样的涨价行为。

可是，如果学过经济学就会明白：之所以米价高，是因为米少；之所以有人挨饿，也是因为米少。设想只有 10 斤大米，1000 个人吃，即便免费吃，能都吃饱不？照样不能。因此，关键是要让米多起来。

那么，怎样才能让米多起来呢？

办法就是允许涨价！价格高了，就会鼓励人们把别处的米运到灾区来；价格高了，也会激励人们节约用米、减少米的需求。假如价格低，有人会用米做酒、喂鸟；价格高了，他可能就放弃做酒、喂鸟了。这些米就可以用作灾民的口粮。因此，允许涨价才是降价的有效手段；允许涨价反而有助于灾民买到米，有利于救灾。

灾害发生后，爱心人士从全国各地向灾民捐赠了大量食品、蔬菜。假如志愿者不是免费将这些物资送给灾民，而是将其卖给灾民并将钱据为己有，会是什么结果呢？？

设想，你是志愿者，第一天马不停蹄地配送物资，第二天有点累了，可能放慢脚步了，第三天疲惫不堪，眼看着食品、蔬菜要烂掉，也可能偷懒不配送。但是，如果东西是自己的，看见要烂掉时，恐怕拼了命也要把它卖出去。因此，尽管感情上可能接受不了，但志愿者将捐赠的食品、蔬菜卖给灾民并将钱据为己有，反而可以减少浪费，有利于保障灾民的物资供应。

每当我讲完这些内容的时候，很多同学都感觉三观尽毁。很显然，并不只是同学们在听课之前存在错误认识，因为每当灾害发生后，社会上要求打击奸商发国难财的呼声一直都很高，至今也没变。

所有经济学教科书都会讲供求原理、激励理论，而且只要讲经济学，就不可能不讲这些内容，那么，是否学习经济学的同学都有三观尽毁的感受？应该不是。我们的很多课程，当讲完了基本原理后，只差一层纸，就能让学生看到一个完全不一样的世界,但我们的老师往往没有顺势把它捅破。这就好比在足球场上,球员带球、过人,都到了球门口,却停下来,不射门了。

其实,我们只要引入一个好的例子,提炼一两个警句,立即就能捅破那层纸,让学生看到一个完全不一样的世界。例如,对于供求原理来说,我们只需举一个类似上面的救灾例子,并且提炼出"允许涨价是降价的有效手段",立即就能产生耳目一新、三观重塑的效果。

上面的例子不难。那么,是不是难一点的内容就不容易让人懂了呢?完全不是。关键仍然在于我们能否找到一个恰当的方式将其讲出来。

科斯定理讲:假如权利界定是清晰的,并且交易费用为零,那么不管初始产权如何配置,资源最终都将落到具有最高价值的用途上。就是说,只要交易费用为零,那么产权清晰界定重要,至于界定给谁不重要。

那么,如果交易费用不为零,甚至很高,是不是产权的初始配置就重要了呢?

一块地,张三使用能创造 5 元的价值,李四使用能创造 10 元的价值,由于交易费用高,这块地没有办法流动到更能发挥其作用的李四手中,因此,产权的初始配置就重要了。这正是科斯反定理要表达的意思,并且几乎没有人反对这个定理。可见,这背后的道理并不容易懂。

但是,如果我们通过下面的例子来讲,就容易看穿这个推理背后的逻辑错误。

假设你收养了一群流浪狗，但是不知道每条狗的胃口大小，那么怎么投放食物呢？你估计也就随便投放了。结果是，有的狗吃不饱，有的狗又吃不完。那么，能不能说，你的狗粮投放不合理、无效率？不能，因为你不知道每条狗恰好吃多少嘛！

做假设容易。我们可以假设张三能创造5元的价值，李四能创造10元的价值，但实际知道他们各自能创造多少价值是困难的。其实，既然假设交易费用不为零，那么就意味着不知道土地在谁手中能创造更高的价值。因此，不管怎么配置初始产权，只要清晰就成，尽管在不同的初始配置下产出水平有高有低，但我们不能因为出现产出水平低的情况就断定它无效率。

就是说，即便交易费用不为零，仍然是产权清晰界定重要，至于界定给谁不重要，科斯反定理是错误的，我们的直觉是错误的。

如果这样讲说服力还不够，那么可以再加一个例子。张三偷东西，要打80板才不偷，李四偷东西，打20板就不偷了，可是法律面前人人平等，各打50板。结果是什么？张三会继续偷，李四第二天干不了活了。为什么不把张三打80板、李四打20板呢？因为不知道他们被打多少板，就可以阻止他们偷东西。而要核实这一准确信息，需要花费很大的代价——时间和精力，而且未必能得到准确信息。所以只好法律面前人人平等，各打 50 板，不仅公平，也有效率。

对科斯反定理的否定具有重大的理论和实践意义。

首先，这意味着在正交易费用的真实世界，"完美"未必有效率，不"完美"反而可能有效率。事实上，市场表面交换的是物，实际是物背后的权利，每一次的市场交易，都在改善产权配置，假如产权初始配置就是"完美"的，那么还要市场干什么，怎么可能还有市场交易呢？

其次，这就为干预划定了边界：干预只能应用于权利没有清晰界定的公域，不能应用于权利清晰界定的私域。事实上，如果交易费用高就可以成为干预私域的理由，那么当初界定权利还有什么意义，岂不是逻辑矛盾了？如果你真的认为土地在李四手中能创造更高价值，那么就不应该使用强力进行干预，而应该自己出钱从张三那里买下来，再卖给李四。

我相信，在真实世界，还有更生活化的"完美"未必有效率的例子，我们可以继续挖掘。

我的体会是，这样讲经济学，学生基本上是能懂的。生活中的经济学在内容的选取以及讲法上，就是要尽量达到这样的效果：学习前和学习后，同学们的认知有一百八十度的大转弯。很多时候，一个好的例子、好的讲法就是一扇窗户，而我们要去发现这扇窗户，并帮助同学们打开这扇窗户。

人人都能学好经济学

经济学反直觉,但就其方法论来说,又非常简单。很多人认为,科学家智商一定超群,一般人学不来。这其实是一种错觉。科学和艺术不同。艺术需要天赋,一般人是学不来的。但科学不是,只要方法得当,人人都能成为科学家,人人都能做经济学家。

例如,没有人敢说自己的字比王羲之、米芾的好;如果亚当·斯密活过来,我可以教他经济学,然而我的天赋、我对经济学的贡献不及亚当·斯密的一根脚趾头。

我讲一位叫齐亮的经济学老师。

知道齐亮老师是在 2016 年做微信公众号"经济学家告诉你"的时候。他给我们写稿子,我因此注意到他。真心说,虽然他写得不错,但我并没有太多留意。后来我注意到一篇"谢作诗的 20 条经典语录",点开一看,原来是齐亮老师整理的。而且他对亚当·斯密、米塞斯、哈耶克、巴斯夏、索维尔、张五常、张维迎等众多经济学家的经典语录都做了整理。

于是,我开始关注他的公众号"亮叔经济学"。真是不关注不知道，一关注吓一跳，他写了很多高质量的文章。我且举两个例子。

我也反对劣币驱逐良币的格雷欣定律，但我只会举国民党逃离大陆时美钞、黄金驱逐金圆券这个良币驱逐劣币的例子。而齐亮老师则考证了中国历史上几乎所有的良币驱逐劣币的例子。

我有两个梦想：一是想用经济学重新解读一遍那些耳熟能详的历史故事，比如怎么认识井田制，怎么认识管仲，怎么认识商鞅变法，怎么认识王莽，怎么认识王安石变法，等等，写一部用经济学看历史的书；二是研究一下古诗词中的经济学，给学生做一次专题讲座。但因为种种原因，一直没有做到。我看到齐亮老师已经开始用经济学解读古诗词了。

例如，产权重要，这个谁都会讲，但齐亮老师从白居易的《卖炭翁》一路娓娓道来讲产权的重要性，就生动得多、吸引人得多。他还写了系列电影中的经济学。

他善于用小故事、小例子讲经济学。我在写《麻辣烫经济学：经济学通识二十一讲》时，就将他的这段话一字不改地搬了过来："虽然我们每个人都在追求私利，但我们在追求自身利益的过程中，也帮助了他人。一个人在市场中追求自己的利益，就是在帮助他人。例如，早餐店老板每天早上四点多就起床做早餐，他只是为了赚钱，但他在赚钱的过程中也帮助同学们吃到了早餐。而你去买早餐，只是为了填饱肚子，但你在买早餐的过程中也让老板赚到了钱，感到开心。你和早餐店老板明明都只是在追求自己的利益，但却实现了互帮互助、互利共赢。市场经济就是这样一种人人为我、我为人人的机制。"

他在线上用童话故事给小孩讲经济学，一个月就有1000多人报名。我也是购买者之一。他在线下搞的经济学夏令营活动，通过游戏的方式给同学们讲经济学，我一直想去实地学习，都约好了，但因为疫情，没有成行。

他是奥派，我是芝加哥学派。很多奥派的朋友非常排斥别的学派，但齐亮老师不这样，至少他不排斥我的东西。当然，他也不完全同意我，正如我不完全同意他。

闲来无事，我喜欢搜索网络上对自己图书或文章的反馈。有一天看到一篇"别人喜欢谈大事，你要去想小问题"的文章，其中有一句话："经济学家谢作诗讲课时说过，研究问题，要从小处着手。"当时不知道作者是谁。当我把这篇文章转到我们的课程公众号"Spicy Hot Pot经济学"的时候，才发现有原创保护，原来也是齐亮老师写的。我的这句话，其实是在《学习的方法》一文中一带而过的，他居然注意到，并且记下来了。可见齐亮老师读书的仔细程度。

在讲稀缺性概念的时候，有个问题：像马斯克这样的世界首富也面临稀缺性吗？不少老师的解释是，虽然马斯克财富自由，但他的时间仍然稀缺。然而，齐亮老师回到稀缺性概念的本原："稀缺是相对于欲望而言的，人的欲望是无止境的，富翁财富虽多，但其欲望更大，因而其财富仍然稀缺。越是富翁，借钱越多，就是证明。"他对概念原理把握细腻，下过功夫。

太太跟我说，齐亮的心很静。这其实是任何一个做学术的人都需要具备的品质。

至今，我与齐亮老师只是网上神交，并没有见过面。讲他的故事，是想从中总结出值得我们借鉴的东西。他能凭一己之力走出一条经济学的创业之路，我们凭什么不能把经济学学好、教好？读齐亮，想想我们自己：有没有在大学的教科书之外进行广泛的阅读？有没有在概念、原理的细节上下过足够的功夫？

费歇尔讲：收入是一连串事件。农民秋天收割稻子，这是收入。但这收入是在秋天的一刹那完成的吗？当然不是。犁地、播种、施肥、除草、灌溉……每一件事都在创造着收入，每一天、每一秒都在创造着收入。但行耕耘，莫问收获，最终一定收获满满。

当然，方法必须得当。这本书就是要和大家一起探讨经济学学习、教学的方法问题。

道之不存，术将焉附

人人都能成为经济学家，可是，为什么很多人的经济学却乏善可陈呢？

我认为，一个很重要的原因，是缺少科学方法的训练。中国是个文明古国，文化、艺术精彩纷呈，但缺少科学精神。公元前2000年希腊就有《几何原本》了，然而直到近代，逻辑这个词才从日本引入中国，由此可见一斑。可是，对于学习、应用经济学来说，逻辑至关重要。

有人可能认为，经济学不是科学。经济学坚持主观价值论不假，但这只是就目标而言。目标是主观的，但达到目标的手段是否有效，却是客观的。经济学的科学性仅指达到目标的手段。

有两类经济学问题，一类回答"是什么""为什么"，另一类回答"好不好""应不应该"，前者叫实证分析，后者叫规范分析（也叫价值判断）。前者，即实证经济学，是科学。

另一个更重要的原因，是价格理论失传了。2010年秋，在芝加哥大学法学院，我目睹科斯、诺斯、福格尔、巴泽尔几位老人在一起感慨:"不知道今天的经济学都在搞些什么。"

今天,大学里也讲《微观经济学》,然而早已经异化了。主要表现在:一是人们不再在最基础、最核心的概念、原理上下功夫,花样翻新地搞所谓的创新,大谈什么市场失灵;二是喜欢仅从假设出发构建数学、几何模型,做计量分析,重术不重道。

然而,经济学是真实世界的学问,最核心的是其中的道,而不是各种术。

举个例子。用工歧视是劳动经济学的热门话题,在顶级经济学期刊《美国经济评论》上就有多篇这类文章。文章作者构建精致的实验,进行巧妙的统计分析,研究企业有没有用工歧视。

可是,歧视真的有错吗?答案没有那么简单!

试想想,生活中哪里没有歧视?处处都是啊!我娶了我老婆,就是对其他女人的歧视;你喜欢丰满的,就是对苗条者的歧视……商场上,讨价还价时刻在发生,同样的货物,对不同的人索要不同的价格,这不是歧视是什么?我跟他喝酒,不跟你喝酒,是不是歧视?

当然,也有大量的不歧视。谁的价格低、品质好,就买谁的,这就是不歧视。

私域,我的财产我做主,在不违法的情况下,我想怎么歧视就怎么歧视。私人企业,爱雇谁雇谁;私立学校,爱招谁招谁。这是私域主的权利,他人不能干预。在私域,假如不允许歧视，那么就破坏产权了。

　　当然，一般来说私域不会有种族歧视。因为我种族歧视的话，被歧视者就不会跟我交易，我会因此而承担代价。作为雇主，假如我种族歧视，那么我的劳动供给就会少，劳动成本就会高；作为销售商，假如我种族歧视，那么我的顾客就会少，销售收入就会低。我自己就会把自己打败。

　　公域才应该不许有歧视。政府组织、国有企业、公立学校才应该不允许有歧视。

　　歧视的话题应该仅限于公域，怎么能够通过私企的聘用信息来讨论歧视的话题呢？去研究私人企业的用工歧视，不管你的技术多么精美，都是一个有害无益的伪问题。我认为，今天的西方在反种族歧视问题上走向极端，要求私企必须雇佣一定比例的少数族裔工人，要求私立学校必须招收一定比例的少数族裔学生，跟学者们糊涂的学术研究是有关联的。

　　今天，除了《麻辣烫经济学：经济学通识二十一讲》，有哪一本教科书严格区分私域、公域，坚持私域只能搞权利主义，公域才能搞功利主义？除了《麻辣烫经济学：经济学通识二十一讲》，有哪一本教科书明确提出：外部性不是问题，公域里的外部性才是问题？

　　道之不存，术将焉附。今天的主流经济学，培养不出真正懂经济学的人才。在本书第七章、第八章，我还要系统分析主流经济学和行为经济学的错误。

　　张五常讲："整个经济理论的结构，以其骨干观之，是简单的。困难是要懂得怎样用。首先理论的重点要拿得准，理念要知得透。达到这个层面要有名师指导，也要从浅至深、深复浅、浅至深又复浅地来来回回几次。但这只是一个经济学博士应有的基础，离解释一般现象的目的尚远。掌握了理论基础，解释现象的重点是约束条件的处理。约束条件是真实世界的事，不可以子虚乌有地假设出来。"这才是经济学应该坚持的正确道路。

思想如鱼，生活如水

记得齐亮老师讲过："读完书就以为自己掌握了知识，是世界上最大的错觉，就像背了几首古诗词就以为自己熟悉了梅花。我们从小就不断学习关于梅花的诗词歌赋。背诵过"遥知不是雪，为有暗香来"，考试做过填空"疏影横斜水清浅，暗香浮动月黄昏"，写作文时用梅花不畏严寒独自盛开比喻过英雄人物高尚的品格。你说我对梅花陌生吗？但是我一直没有见过，不知道梅花是什么样。作为一个北方人，也想象不出它在雪中开放到底是什么样子：花，如何在雪中开放呢？一直到见到梅花，那一刻我才知道：啊，梅花，原来是这样的啊。"

经济学也是这样。经济学家搞出一个个模型，模型很精美，但如果不经过事实的检验，那么难免盲人摸象，谬种流传。

阿克洛夫在旧车市场模型中讲：由于买者不知道车的真实质量，只能按照平均质量出价；但这样一来，那些车的质量高于平均水平的车主就会退出市场；既然如此，那么买者就只会按照剩下的车的平均质量来出价，一路推下去，就会出现市场因为信息不对称而消失的情况。

自此,在主流经济学家那里,信息不对称和垄断、外部性一道成为市场失灵的三大原因。他们无视真实世界大量存在的二手车交易,更忘记市场经济是分工和专业化经济,必然意味着信息是不对称的,假如信息完全对称,那么反而没有市场了,至少没有现代市场经济。

信息不对称可能导致市场消失,但是,人们是不会听任这种情况发生的,一定会想方设法利用分工和专业化的好处,同时克服信息不对称可能的坏处。经济分析的重点,应该是挖掘人们都用了怎样的办法,既克服了信息不对称可能的坏处,又收获了分工和专业化的好处。作为商人的马云就很懂得其中的道理,他说:哪里有缺陷,哪里就存在着商机。

有人迷信垄断必然导致质低价高,却对真实世界的反例熟视无睹。美国洛克菲勒标准石油公司1880年垄断了美国煤油95%的市场,而在接下来的10年间,煤油价格从每加仑1美元降到每加仑10美分。同样的事情在英特尔公司也发生过。英特尔公司在PC机芯片市场一直是一家独大,处在绝对垄断地位。但IT业的人都知道,每18个月,芯片的运行速度要增加一倍。这被叫作摩尔定律。提出摩尔定律的人正是英特尔联合创始人戈登·摩尔。人们甚至提出新的价格摩尔定律,即每过18个月,不仅运算速度提高一倍,而且价格还要降一半。

其实,垄断者是消费者用钞票选择的结果,因此,逻辑上垄断一定是质高价低。真正导致质低价高的不是垄断，而是行政垄断，即对于市场准入的行政限制。

书斋里的经济学家，经常沉迷于自己的那套理论，对真实世界一无所知，一叶障目。萨缪尔森认为市场不可能提供灯塔这样的公共服务，结果科斯等人查阅了历史资料，发现市场提供灯塔服务历史悠久，从17世纪就开始了。很多经济学家大谈郁金香泡沫背后的羊群效应、市场非理性，结果历史学家出来说，郁金香泡沫只是传奇故事，并不存在。

无论在中国还是在欧美，都有很大的支持福利主义的群体。福利主义者常常引用政治学者罗尔斯的"无知之幕"作为辩论武器。

罗尔斯的"无知之幕"假设，一堆人来制定规则，所有人的条件都一样，成功、失败的可能性也都一样。罗尔斯认为，在这一假设下，人们一定会同意，征收未来的富人的钱来补贴未来的穷人，因为，每一个人都可能成为失败者，你肯定希望征富人的税作为穷人的福利。

对此，邓新华老师一针见血地指出："罗尔斯的这番话，看起来有力地支持了福利主义，但其实，这是因为罗尔斯不懂经济学而产生的错觉。彩票市场，就是现实中典型的'无知之幕'，但是，你见过哪个彩票，是征中奖者的钱，分给没中奖的人的吗？如果哪个彩票这么搞，一定不会有人去买的。罗尔斯认为大家都会同意成功者分钱给失败者，这完全是无稽之谈。福利主义的这一所谓的'理论依据'，根本不成立。更进一步思考，如果所有买彩票的人全部共同约定，无论谁中了奖，都在全体彩票购买者之间平分，那么等于是大家都送钱给售彩机构。因为奖金额肯定是小于彩票销售总额的，这样的彩票绝不会有人去买。"

有人认为，比特币数量固定并不是它成为货币的障碍，理由是：（1）可以无限细分，不存在货币量不够用的问题；（2）价格下降就可以了，很多物品的价格就在不断下降，有什么问题吗？对于第一个理由，就等于不停的货币改制，妥吗？对于第二个理由，涉及货币购买力要不要稳定的问题，这是大问题，不容易讲清楚。但只要简单观察一下生活，就不难给出答案。假如数量固定不是成为货币的障碍，又怎么解释历史上的金、银、铜复本位货币制度？

在这个世界上，还有很多人没有过任何投资经验，却批判投资人不劳而获；没做过任何生意，却坚信老板都是黑心的；不认识任何一个富人，却相信富人都是因为不道德才变富的。

还是齐亮老师说得好："读多少关于梅花的古诗词都没有用，幻想一千遍一万遍都没有用，你得自己走在梅花树下，才能看见，才能理解。"思想如鱼，生活如水，鱼离不开水，思想也离不开生活。我们要想学好经济学，必须深入了解真实世界。

经济学通识讲什么

通识教育越来越重要,主要原因是当今社会日新月异。过去,职业稳定并且界限明显。几十年前,人们可能一辈子就做一个职业,而且用一种技能就能做好这个职业。如今,曾经的职业很可能消失,学到的专业技能更可能没有用武之地,例如,自动驾驶就将使司机这个职业消失,我大学时学的编程语言今天就没有什么用处了。

对通识课,最大的误区是把它等同于专业入门课,讲一些简单、基础的概念、原理。作为专业课,可以这样讲,因为后续还有提高课。例如,作为经济学专业的学生,在学了初级教程后,后续还要学中级教程,甚至高级教程。但对于通识课来说,学生大概率只会学这一次。这就决定了,通识课无论是内容选取上还是具体讲法上都要和专业课有所区别。

大多数经济学入门书都不介绍科斯的思想以及经张五常发展后的租值消散定理,或者只是一带而过。但经济学通识课一定要讲这些内容,因为这涉及看世界的方法问题。

企业生产要排污,伤害居民了吗?牙医工作时会产生噪音，打扰邻居了吗？

不学经济学，人们十之八九会给出肯定的答复。然而，科斯的答案是：影响是相互的，干扰是相互的，不好说谁伤害了谁。凭什么一定是企业伤害居民，为什么不是居民妨碍企业排污了？凭什么一定是牙医打扰邻居，为什么不是邻居妨碍牙医工作了？科斯说：到底谁伤害了谁，谁妨碍了谁，答案依赖于权利界定——没有权利界定，就没有伤害；没有权利界定，就不知道谁伤害了谁。

你看，如果不了解科斯的思想，我们就只能凭感觉胡乱回答这类问题了。

租值消散定理讲：假如产权不清，那么就会导致租值消散。然而，张五常认为：虽然产权不清的确会导致租值消散，但是人们不会听任租值消散殆尽，而会想方设法地尽可能减少租值消散，换言之，经济中消散了的租值一定是约束下最小的消散。这样，诸如论资排辈、黄牛，甚至应试教育等我们曾经认为不合理的现象，其实都是产权不清晰情况下的一种避免租值消散的手段，从而一下子让我们看到了事物的本质，从根本上改变了我们对世界的理解。

通识课当然要讲最基础的概念、原理，但重点不是传授知识本身，而是讲清楚这些概念、原理背后的看世界的视角和方法。例如，关于科斯定理，讲清楚"产权清晰界定重要，界定给谁不重要"尽管也是重要的，但更重要的是，让学生理解"交易关系中的双方，你的成本也是我的成本，我的成本也是你的成本"的思想，让同学们理解合作的逻辑。

试问：高房价到底是工人的高生活成本，还是企业的高生产成本？答案是：都是。高房价提高了工人的生活成本，来打工的人就会减少，劳动供给跟着会减少，用工成本就会上升。

通识之"通"不在于内容基础、简单，更不在于内容广泛、无所不包，而在于"打通"和"贯通"。要将各个学科的底层逻辑"贯通"。学科不同，然而究其根本来说，都是在讲看世界的方法，这是相通的。例如，哲学讲存在即合理；经济学讲考虑了所有的约束条件，经济总是有效率的。从方法论讲，二者是相通的。又如，经济学会花大量篇幅讲供求原理，别的学科则没有这部分内容，的确存在巨大差别。但是就其方法论来说，无非是控制其他变量，分析某一个因素的影响，而这是所有科学都要面对的共同问题。

林墨含老师讲："一门学科最核心、最重要的不是那些琳琅满目的上层建筑，而是底层逻辑，在最底层上，其实各个学科都是相通的。因此，通识教育绝对不是单纯意义上的知识教育，而是围绕各个学科底层逻辑而进行的思维教育，它教授的不是知识，而是思考的能力和方法，是渔，而不是鱼。"

通识课不能追求思想浅，恰恰要追求思想深。思想不深，教师讲起来会平淡无奇，学生听起来会索然无味，从中受到的心灵震撼和启发势必降低，就起不到让人产生"巨大改变"的作用。

可是，对一个没有任何基础的人讲本学科最深刻的思想、最底层的逻辑，同学们能听懂吗？

这就要求我们：讲述的方式要浅。要用通俗易懂、风趣幽默的语言以及形象生动、最生活化的例子，把深刻的思想讲出来。

钱令希院士讲桥梁为什么是抛物线拱时，从绳子晒衣服的变形讲起，一步步引出均布荷载下的桥梁为什么多是抛物线拱的，内行外行都喜欢，内行知其深，外行懂其意。物理学能做到的，我们经济学没有理由做不到。经济学不应该比物理学复杂、难懂。

在通俗化讲述经济学方面，我们做了一点工作，但还远远不够，可做的工作还有很多。

总之，通识课要避免大而全、泛而浅，要对知识点进行精炼，将教学重点放在对核心概念和基本原理的讲述上，用浅显的方式，通过大量应用来将其讲透，特别是讲透其背后的看世界的一般化方法。因此，通识课对老师提出了比专业课老师更高的要求。

如何知道理论好不好

经济学流派林立,理论众多,如何判断哪个理论好、哪个理论不好呢?当然,别的学科也一样。如果不会判断理论好还是不好,又怎么学呢?学了错误的理论,岂不是比不学更可怕!

这里要区分几个概念:什么是正确的理论,什么是错误的理论;什么是好的理论,什么是不好的理论。好的理论当然一定要是正确的理论。但是正确的理论,未必都是好的理论。什么是正确的理论、错误的理论,并不是我们平常所理解的那样。换句话说,平常我们大多数人的理解是错误的。这个问题,讲科学方法时再讲。在此,我先讲理论的判断标准。

能够解释类似甚至相反现象的理论,才是好理论。分析一个现象的时候,怎么知道自己的分析对不对呢?看能不能用你的逻辑解释类似甚至相反的现象。这是一个很好的试金石。

我批评劣币驱逐良币的格雷欣定律,就是基于这个道理。

我不否定有劣币驱逐良币的现象,可是,有没有良币驱逐劣币的现象呢?也有,当年国民党离开大陆的时候,金圆券是劣币，美钞、黄金是良币，人们使用美钞、黄金，拒绝使用金圆券，这就是良币驱逐劣币。那么，怎么解释良币驱逐劣币的现象呢？难道又要搞出一个良币驱逐劣币的定律吗？那样的话，岂不是每个现象都要对应一个定律了，我们学习理论还有什么意义呢？理论是信息节约的工具，应该掌握一个理论，就能解释一大片现象。

劣币驱逐良币根本就不是什么定律，那只是一个现象。可笑的是，至今还有很多人认同这个"定律"，并且拿这个"定律"去解释其他现象。他们不明白，用这个良币驱逐劣币的格雷欣定律去解释其他现象，是在用事实解释事实。而我们应该做的是用理论解释事实。

你可以用劣币驱逐良币去解释在一些组织、社会中发生的品德好的人被品德不好的人排挤的现象，但你用这个定律就没法解释在另一些组织、社会中发生的品德好的人受人尊重的事实。按照我告诉你的秘笈，至少这个就不是好的理论，甚至根本就不是理论。

真正的理论是什么？在理想的状态下，劣币和良币的收益率是一样的，任何金融工具的收益率都是一样的。学过经济学的朋友回想一下，股票价格与利率反向变化的这个关系是怎么推导出来的，是不是 1 元钱不管是投在股票市场还是投在借贷市场，它们应该获得相同的回报，于是就可以建立一个等式，从这个等式就可以推导出二者反向变化的关系？

当然，这是在理想状态下来说的，也就是不考虑风险，没有交易费用。

这个东西就是我们要掌握的理论，或者说正确的理念。

我再说一遍：在理想的状态下，不同的金融工具，其收益率是相等的。

道理不难理解，你用人民币买东西，价格会高一点，用美元呢，价格可以低一些。价值10美元的东西，你出10元人民币，没有哪个人会卖给你。就是说，你用良币支付，数目字会小，你用劣币支付，数目字就大。但是折算下来，你的实际支付是一样的。

看到劣币驱逐良币的现象，就得出劣币驱逐良币的定律，你的经济学就不过关。明明看到劣币驱逐良币的现象，你却得出劣币不能驱逐良币的结论，这就高明了。在理想的状态下，劣币和良币的收益率是一样的，劣币不能驱逐良币，但是加入交易费用，例如界定是不是劣币成本太高，高过了因此而获得的收益，或者法律不允许拒绝接受劣币，那么就出现了劣币驱逐良币的现象。但是加入另外的约束条件，又可以得出良币驱逐劣币的结论。

看到投资股票、债券的收益不相等，然而得出在理想状态下，它们的收益率应该相等，这才是学问。在这个学问的基础上，加入不同的约束条件，又得出不同金融工具收益不一样的结论。这样你就可以用一个理论，去解释形形色色的现象，甚至表面看来互相抵触的现象。

为什么我对"三从四德"的解释是对的呢？因为我用同

样的逻辑，解释了欧洲的贞洁裤、非洲的割礼，也解释了现代人为什么又抛弃这些东西。我说一夫一妻、一夫多妻是为了确保孩子基因清晰、避免近亲繁殖，从而提高人口质量的一种制度安排。根据我的这个逻辑，在远古，当人口数量少、成活率又低、人口数量增长成为优先考虑的目标的时候，一妻多夫又是最优选择。我们无须回到古代，单凭理论就可以推断，像今天摩梭人走婚制那样的母系氏族应该是存在的。这就是理论的魅力。

当年我在读博士的时候，写了一篇小文章，解释为什么买牛奶、吃海鲜有排队的现象。我的分析既解释了这样的排队现象，又解释了为什么买铅笔不排队的现象。《经济学消息报》的高小勇总编评价说，自从我写了那篇文章之后，我的经济学水平就有了大幅提高。

也可以从利他假设出发去构建经济学，但它一定没有从自利假设出发构建的经济学好，因为前者无法解释利己行为，后者却可以解释利他行为。《国富论》之所以是划时代的巨著，也有这方面的道理。很多人把《道德情操论》与《国富论》相提并论，其实二者根本不在一个层面。从利他假设推导出利他行为和从利己假设推导出利他行为，怎么能够相提并论呢？

现象可以反常，原理没有例外。掌握了原理，我们就可以驾驭纷繁复杂的世界。原理是不变的，变化的只是约束条件，理解世事的关键于是又回到我反复强调的约束条件上。

标准答案害人不浅

我曾听过一堂哈佛大学的哲学课，颇受启发。

在课堂上，教授提出一个问题，同学们做出截然相反的两种选择，教授并不简单指出答案正确与否，而是鼓励同学们给出自己的理由。一些答案，在我看来明显是错误的，但是教授仍然说"你的想法很好"。他让学生在不同观点的碰撞中自己把答案引申出来。

这使我思考：教育到底是给学生标准答案，还是教会学生思考问题、分析问题？

我想应该是后者。因为在多数情况下，我们并不知道什么是标准答案。在日心说没有出现之前，人们肯定认为地心说是标准答案。我在读硕士研究生的时候，还认为凯恩斯主义宏观经济学是正确的，但今天我认为它完全是错误的。我在读博士研究生的时候，还接受马歇尔"短期，成本不影响价格，长期，成本影响价格"的说法，认为科斯反定理、租的概念等是对的，但是今天，我认为它们都是错的。那么请问：到底什么是标准答案呢？

事实上，除非像数学那样用形式语言来表达，可以通过形式逻辑证明其正确与否，或者如物理学、化学那样，可以通过可控实验检验理论的真伪，否则，证实和证伪一个理论都是非常困难的。绝大多数时候，理论只是一种暂时没有被事实推翻的假说。

因此，什么是标准答案的确没有那么重要，重要的是具备思考问题、分析问题的能力。

在弗里德曼、张五常等人看来，没有不同答案的问题都不是好问题。然而，我们特别看重标准答案。我曾在网上看见一道考试题，老师要求找不同类，并圈起来。题目是：（1）轿车、消防车、火车、救护车；（2）鱼、鹅、鸭、鸡。第一小题学生圈了轿车，第二小题学生圈了鸡，结果老师给了零分。学生认为，在第一小题里，轿车个人会买，其他三种车个人不会买；在第二小题里，鱼、鹅、鸭都会游泳，只有鸡不会。因此，凭什么判学生的回答就不对呢？作为老师，为什么不要求学生给出理由，把重点放在考查学生的理由是否自圆其说上呢？

中国人口众多，可是在现代科学技术上的贡献几乎为零，为什么？我认为，一个重要原因是我们的教育方式出了问题。我们的脑袋里总想着标准答案，这扼杀了学生们的创造力。

张五常讲："与其对得平庸，不如错得有启发。"受张教授影响，我已经不是很在意答案本身的对错了。例如，上课的时候学生只要回答问题，即便答错了，我也奖励他们平时分。

但尽管如此,"什么是正确答案,什么是错误答案"还是深藏我心,时不时表现出来。例如,当学生答错问题的时候,在鼓励同学们不要在意答案本身的同时,我会同时讲:正确的答案是……

现在,我改变做法了:我不太说"正确的答案是……",而常说"我的答案是……不过,凭什么我的答案就一定是正确的呢?"伴随我讲课方式的这样一点小变化,课堂上似乎也产生了一点涟漪——我感觉课堂气氛更轻松活泼了一点。

当然,这要求老师在事前要对问题做更加精细的设计,因为不是所有内容都适合这样讲。例如,基本概念、基本原理是有标准答案的。

众所周知,和美国的大学生相比较,中国的大学生不太积极回答问题,课堂气氛不活跃。我猜测,这跟我们在教学上太关注标准答案、学生怕答错有关系。

我们的教育理念还比较落后,在某些方面甚至不进反退。20世纪80年代属于精英教育。当年我大学毕业时,有感而发地写个一两千字的东西就可以毕业。然而,在大众教育的今天,要求每个学生写一万多字的毕业论文,标准是不是太高了?这样做到底有什么后果我不想展开说,但学生产生厌学情绪是一定的。中国人不爱读书,这笔账要记在我们的教育上。

我们从小就让同学们互比。中学阶段因为有应试的需要,无可厚非。但进了大学,这种东西多了就未必可取。人与人不一样,尺有所短,寸有所长,怎么好比?人更重要的是跟自己比，看是不是进步了，进步大还是小。每个人都可以是优秀的，跟自己比不断进步，就是优秀的。再不好教的学生，到了魏书生老师手上都好教了。我觉得跟魏书生老师所秉持的教育理念是有很大关系的。在这一点上，重庆移通学院、晋中信息学院、泰山科技学院等一批民办学校给学生提供多方面的发展空间，尽可能让每位同学的天赋都得到绽放，是非常值得肯定的。

总体上，中国大学重视科研，忽视教学。然而，假如教学搞不好，长期来看，一个国家的科研又怎么可能搞好呢？不过我相信，随着民办大学的发展，这一状况会得到根本改变。

充满成见如何教学生

有人说：一个人但凡有点成就，没有单纯之心是不可能的；单纯的人，一般都有一技之长；有些成就的人往往单纯。以我所见，此言不虚。

单纯的一个表现是内心没有成见。小孩子就没有成见。有一段时间，小孩见什么问什么，对什么都充满好奇心。可惜的是，多数家长并不懂得利用小孩子这个阶段的好奇心教他们正确认识世界、探寻世界奥秘，而是直接告诉他们自己认为正确的答案。

但家长的答案就正确吗？

问个问题：企业生产要排污，企业因此伤害居民了，对不对？我相信，绝大多数人的答案都是肯定的。这其实就是成见。科斯就追问：凭什么一定是企业伤害居民？为什么不是居民妨碍企业排污了呢？从中他得出了名垂青史的答案：影响是相互的，没有权利界定，就没有伤害；没有权利界定，就不知谁伤害了谁。

公共场所应该禁烟，对不对？这是个复杂的话题。人类社会之所以复杂就复杂在公域。私域简单，按照界定的权利办就好了。设想，如果所有人都抽烟，那么公共场所允许吸烟为何不可？

不被成见束缚是学者的宝贵品质。任何人只要摆脱成见，一夜之间就可以成为一个准天才。可惜，绝大多数人摆脱不了成见的束缚。例如，今天绝大多数人肯定认为卖身为奴不正义，但是，这是否就是全部的真相呢？

设想，一个人活不下去，快要饿死了，在这样的情况下，他选择卖身为奴，正义不？

长期以来，奴隶制一直被认为具有压迫性和剥削性，是野蛮的、没有效率的。然而，福格尔的研究表明，奴隶制根本不像人们所认为的那样。奴隶制是有效率的，奴隶制大庄园的生产效率高于小农经济，奴隶的生活比一般小农还要好。以1879年为例，奴隶们摄取的热量比全部民众的平均值多10%。在1860年，大种植园一栋房屋之中平均居住5.2个奴隶，而自由劳动者家庭的平均人口数是5.3，奴隶们的居住条件比一般自由民还好些。在19世纪50年代，美国奴隶的预期寿命为36岁，仅仅比美国以及英格兰和威尔士的白人寿命（40岁）短，持平甚至高于其他地方的人口的预期寿命，如，当时英国曼彻斯特人口的预期寿命只有24岁。

认为奴隶主会虐待奴隶的想法是错误的，背后的道理其实不难理解：是奴隶值钱，还是桌椅板凳值钱？你会虐待自家的桌椅板凳吗？不会虐待桌椅板凳，又怎会虐待奴隶？或许我们想象不到的是，解雇奴隶，代之以雇佣自由的白人，竟然是奴隶主对奴隶的惩罚措施之一。

虐待不可能提高生产效率，只有监督和激励才能。福格尔的研究表明，除了惩罚措施之外，种植园还盛行奖励措施。一些奖励是针对奴隶们的短期表现的，奖品是一些衣物、土豆和威士忌之类的东西，有时候也有现金和休假。还有一些奖励是针对奴隶们的长期表现的。这种奖励一般会在年底以现金形式或者实物形式发放。类似于佃农的分成制在种植园内也有使用。在大种植园，大约有五分之一的增加值可以归奴隶所有。

有没有虐待奴隶的现象呢？有。例外总是有的，但是并不像传说中的那么严重。因为，假如奴隶主虐待奴隶，那么就没有人自愿卖身给他了。换言之，如果真的存在严重的虐奴现象，那么一定是因为出现了非自愿买卖。这是强制的错，不是自由交易的错。

现实中，我们看到的奴隶非人待遇，一般来说，都是非自愿交易造成的。战犯、罪犯被发配为奴，就可能遭受非人待遇。美国早期从非洲贩卖黑人到美国，也不是自由交易。

福格尔的研究无疑动了某些人的奶酪，尽管这奶酪只是某些人想当然的价值判断和感情好恶。其著作《十字架上的时代》一出版，舆论哗然，人们纷纷指责他是在为奴隶制辩护。

但实际上，这跟为奴隶制辩护扯不上关系，福格尔做的仅仅是事实陈述。

我们姑且认为奴隶制下奴隶过得凄苦，问题是，从逻辑上讲，假如不卖身为奴，那个人一定会更凄苦。看得见的，是奴隶生活凄苦；看不见的，是假如不做奴隶，生活会更加凄苦。

卖身为奴的确有很多问题。孩子是不是也是奴隶？如是，那么父母有权卖自己的孩子为奴吗？但是，如果父母没有这个权利，那么当活不下去的时候，父母可不可以杀死自己的孩子？如果父母不可以杀死自己的孩子，那么就得全家人一起饿死，又该怎么办呢？

今天我们觉得卖身为奴不正义，那是因为经济发展了，有条件拒绝卖身为奴。根据马斯洛的需求层次理论，当经济发展、财富变多以后，人们的需求层次会提高，生理需求的重要性相对下降，精神需求的重要性相对上升，卖身为奴因此不再被需要，从而遭到唾弃。

所以，今天我们享受着经济发展、技术进步的好处的时候，不能追问古人"何不食肉糜"。这并不是为奴隶制辩护，而是想说明，自愿交易提高双方福利的一般原理没有例外。

抛开成见，今天的雇佣合约又何尝不是在出卖部分人身权利？因此我们必须认真思考，出于价值好恶而对交易做过多的限制是否就好。例如，劳动市场上的种种限制真的就好吗？

众所周知，滑雪是一项很烧钱的运动，因此谷爱凌不是普通家庭能够培养的，但假如允许一个人在小的时候就把自己若干年后的收益部分卖给他人，那么可能就有有钱人愿意养育、培养那些有天赋的穷人家的孩子。在其他领域也存在同样的问题，师傅有时候不愿意无保留地教徒弟。如果可以签订长期的人身合约，这样的事情不就不会发生了吗？

法条和法律不是一回事。写在纸上的不都是法律，只有保护权利的法条才是真正的法律。所谓权利，就是一套最能定分止争、促进合作的约定，而这是内生于当时的环境条件的。

一言以蔽之，我们的教育重视知识的传授，忽视分析能力的培养。

你是在给老板打工吗

年轻的时候，我也曾有过这样的想法：工资这么低，我没有必要那么努力工作。后来学了经济学，才懂得这种想法是完全错误的，既害人又害己。

为什么老板每个月只给我 3000 元？因为假如我要 3001 元，老板就不雇我，他就会在市场上雇佣另外一个只要 3000 元的谢作词。那为什么不能只给我 2999 元呢？因为我可以到其他老板那里去挣 3000 元。所以，工资并不是老板决定的，而是由替代选择决定的。

抱怨工资低的人，都是因为没有学习经济学。一个人，只要人身是自由的，那么他所挣得的就一定是他能够挣得的最高工资。你说这里工资低，那为什么不到别处去挣更高的工资？你没有选择离开，就只能说明，这里挣得的就是你能够挣得的最高工资。这是逻辑。

我不是老板，不是为老板说话，只是因为明白事理首先对我们自己好。

因为工资低，就不努力工作，这是错上加错。费歇尔讲：

资产是能够带来收入的一切；资产的回报也叫利息；利息不是收入的局部，而是全部。因此，增加收入的唯一途径就是增加资本存量。工资低，是因为属于自己的（人力）资本少，此时恰恰要倍加努力地工作，因为这也是在积累自己的资本存量。

只有一种情况可以不努力工作，那就是不想在这一行干了。但在别的行业干，也会面临同样的问题。不可能有哪个行业，（人力）资本少，工作做得不好，还给你高工资。

据说，经济学家弗里德曼特别善于问问题。每当你向他提出一个问题的时候，他总会说："让我改一改你的问题，可以吗？"经他一改，你立即就能看清问题的本质。

我们凡夫俗子没有弗里德曼的本事怎么办？那就试着对同一现象从多个角度去观察，"横看成岭侧成峰"。试着从不同角度看问题，就容易看清问题的本质。

以我为例。我的收入来自我讲课的技能（资本）。假如没有这个学校，我想练习讲课技能，就得自己去请观众；现在老板把学校办起来，招来学生，发给我工资，让我锻炼讲课的技能，我有什么理由不努力把课讲好呢？

不要把自己看成是一个打工者，怎么就不能把自己看成是拿工资的学徒工？事实上，中国古代就是学徒制度，不仅免费打工，还要家里贴补。

把工作做到极致，绝不只是在为老板做。当你能力强了，水平高了，老板自然会给你涨工资，因为员工水平高，对老板也好。经济学告诉我们：当（物质）资本质量改进后，劳动

（资本）的生产率会提高；劳动（资本）的质量改进后，（物质）资本的生产率也会提高。再说了，就算老板不给你涨工资，技能是带在自己身上的，你可以走人啊！

其实，如果说产权不清晰时，工作干好了未必能得到好的回报，可是民企产权清晰，因此不可能说你工作做得好老板却不给你高报酬。

不要被某些理论误导。科斯定理讲：交易关系中的双方，你的成本也是我的成本，你的收益也是我的收益，当然，我的成本也是你的成本，我的收益也是你的收益。不信你就观察：有哪一个老板不希望自己的员工技能一流？有哪一个一流技能对员工本人是有害无益的？

人的心态不一样，工作的劲头就会不一样。我们心情愉悦地工作，会更快地提升自己的能力。当你具备更强的能力、达到相当不可替代的程度的时候，老板会离不开你，他会怕你走。

恰恰是打工者的心态，让很多人对工作失去了热情，而这也埋葬了自己的未来，因为没有成长。

从一个人对待工作的态度，往往也可以预见他的未来，有些人注定会一直平庸下去，而有些人前面的路则一片光明，前途无量。

经济学还有一个重要命题，就是经济利润为零。很多人困惑，利润为零，那经济怎么可能有增长呢？答案是：有增长，但因为要素都是有主人的，要素产生的收入也要归主人所有，因此收入也是成本。在《麻辣烫经济学：经济学通识二十一讲》第十五讲"利息、收入与财富"中，我用数学公式告诉大家，经济利润为零，经济是有增长的。

因此，你不是在给老板打工，而是在为自己工作。工资不是老板发的，是你自己争取的。

但，你又是在为老板、为社会工作。

人们为什么依附权力？因为权力垄断了财富。因此，如果一个人努力工作，实现自己的财富自由，这本身就是把权力关进了笼子。人类社会的种种恶，几乎都与贫穷相伴随，而几乎所有的善，又都需要财富做基础。因此，努力工作，创造财富，就是在造福社会。

古代有杀婴的习俗。例如，在宋徽宗时期，宣州布衣臣吕堂就曾上书称："东南数州之地，尚有安于遗风，狃于故习，忮害不悛。公然杀人，贼父子之仁，伤天性之爱，男多则杀其男，女多则杀其女，习俗相传，谓之'薅子'，即其土风。"

但真的如吕堂所说的，杀婴是"贼父子之仁，伤天性之爱"吗？非也，是因为穷！一家四口人，食物只够勉强维持生命，再多一个，五个人就都活不了，没有办法，只能选择杀掉一个。

今天，尊老是美德。其实这也要财富做支撑。有一部日本电影《楢山节考》，讲老人到了 70 岁就被送到山上自生自灭。根源是什么？还是因为穷，不能让老人和年轻人抢有限的生存资源。

亚当·斯密说：你辛苦工作，就是在捍卫自己的自由与尊严。其实，辛苦工作，又何尝不是在捍卫社会的自由与尊严呢？！

第二章

育人先育己

教学无捷径

要讲好生活中的经济学这门课,既容易,又不容易。

说容易,是因为不需要教太多内容。诺贝尔奖获得者斯蒂格勒认为:"一项入门性的经济学课程,只把注意力集中在少数几个主题上,对这几个主题进行充分详细的讲解,并且把理论运用到足够多的现实问题上,让学生真正掌握这些方法的基本逻辑,这样做能够产生更好的效果。"作为通识课,生活中的经济学追求的正是这个宗旨,避免大而全、泛而浅,力求对知识点进行精炼,将教学重点放在对核心概念和基本原理的讲述及应用上。

说不容易,是因为老师不是简单的知识搬运工,还要自己掌握经济学原理,并把它作为工具,去分析现象、解释现象,然后把怎么使用这个工具教给学生。好老师授人以渔而不是授人以鱼。生活中的经济学要求通过大量熟练应用将核心概念和基本原理讲深、讲透。这很不容易。

要讲好这门课,首先要精读原理。原理书不需要多读,但需要精读，要读透。不过，仅仅读大学里教的主流经济学是远远不够的，甚至从某种意义上来说还是有害无益的。

首先，大学讲的主流经济学有很多是错误的东西。在第七章我会具体指出有哪些错误。

其次，主流经济学追求模型和逻辑精美，不以解释真实世界的现象为目的。例如，主流经济学喜欢使用高度抽象的成本函数，很少区分名义价格、实际价格、货币成本、非货币成本，因此根本就不是为解释经济现象而构建的。大学的主流经济学课堂根本就不培养学生这方面的能力。不要说硕士、博士，就是教授，对于很多真实的现象和行为，也未必能够给出合理的解释。

我推荐张五常教授的《经济解释》。我自己读的是三卷本的《经济解释》，精读了不下十遍，用各种颜色的笔密密麻麻地把书批注满了。现在这本书已经是五卷本了。如果不愿意读这个大部头的话，我觉得《麻辣烫经济学：经济学通识二十一讲》是不错的选择。

除了精读原理，还要大量阅读经济随笔。每个人的能力总是有限的，因此必须借鉴他人的智慧。每天至少要有 3000 字的阅读量。经济随笔不是原理，可以泛读，因此并不难。有哪些好的经济学随笔书，有哪些好的经济学网课、公众号，都要有所了解。千万不要以为只有大学课堂上讲的才是经济学，这些面向市场、面向大众的东西，反而更值得我们借鉴。

俞炜华教授讲课很受欢迎，几乎每年都有学生因为听了他的课而改学经济学。他告诉我，市面上的经济散文书，他几乎都看过。应该说，讲课好与他阅读量大有很大关系。

好老师还要养成勤写作的习惯。张五常说，讲不清楚是因为还没有想清楚。写文章的好处是，迫使自己把问题想得更清楚、更有条理。再说，我们要教学生用经济学的视角和方法分析问题，自己当然就要熟练应用。写文章也是一个熟能生巧的过程。自己巧了，才能轻松修改学生的文章。如果自己写文章都困难，又怎么去修改学生的文章呢？

要当好老师，内功是必须要练就的。这个一点捷径都没有。不管我们用什么方式讲课，内功都是核心功夫，在此基础上，教学方式的创新才可能锦上添花。断不要指望通过教学方式的创新，来替代在这些基础方面的努力。这些能不能落到实处、怎么落到实处，才真正决定着我们能不能建设一门受到学生持久喜欢的课程。

常言道，身教胜言传。一般认为，身教是家庭教育的事，但其实身教在学校教育中也非常重要。我们要求学生爱学习，那作为教师的我们热爱学习了吗？我们要求学生学会用经济学的视角和方法看世界，那我们老师自己能不能熟练地用经济学的视角和方法分析问题呢？

不要以为在大学里，任课老师和学生交流不多，学生就不了解任课老师。其实，通过口口相传，同学们是了解任课老师的。想想看，我们自己读大学的时候，私下里是不是也在评论、了解老师？

有一次，我在泰山科技学院给学生做讲座，出乎我的意料，在讲座过程中，有学生用四川话回答我的问题。我问："你是四川人？"学生继续用四川话答："不是，但我知道老师是四川人……老师，我上网查过了，我了解过您。"说实话，那种感觉是不一样的，课堂氛围也是不一样的。

学生对老师的崇拜心、喜欢程度不一样，老师讲课的效果就会不一样。就算张五常把PPT给我，我也不能讲出他的效果。同样的包袱，郭德纲讲和其他人讲，效果是不一样的。郭德纲的相声，那种气场、驾驭感和感染力，一般人是做不到的，因为自信心不一样。

一个老师知道的东西少，其无知是不容易隐藏的。而如果他有厚重的积淀，这个也是会自然流露出来的。在某个学科有相当的积淀，达到通透的程度，你会有情不自禁、不由自主的那种自信。这种自信是压制不住的。反之，没有很好的领悟，即便想自信，也会露怯。

我曾长期给浙江大学继续教育学院讲"宏观经济分析"。大家知道，没有人认为自己是物理学家、化学家，但每个人又都认为自己是经济学家。尤其当听课者是成年人，他们对经济有自己固有的看法的时候，课是很不好讲的。怎么办呢？每堂课，我都先分析"三从四德"。我的分析完全超越他们的既有认知。于是我说："即便一个耳熟能详的现象，大家都不能理解其真实逻辑，何况复杂无比的宏观经济，因此大家一定要认真听讲。"后面的课我就好讲多了。

太太喜欢听我的课,她常对我说:"你'三从四德'讲得得心应手,而有些内容,我看你不看PPT就讲不下去。"郭德纲讲过,相声是一门手艺,熟能生巧。其实,教学又何尝不是一门手艺。

心中有基准

据说，哈佛大学的韦茨曼教授讲：受过现代经济学系统训练的人和没有经过这种训练的人的区别就在于，前者的头脑中总有几个"参照系"，也就是我们所说的理论"基准"，这样，他们在分析经济问题时就有一致性，就不会零敲碎打、就事论事。

你去读张五常教授的东西，题材五花八门，然而内在的逻辑、理念却是一以贯之的。这就是心中有基准。那些没有基准的人，讲得头头是道，但对不同问题的分析，其内在逻辑是矛盾的。

众所周知，弗里德曼思想快如闪电。这其实也是因为他头脑中有基准。心中有基准，当问题一来后，你立即就能知道对错，也就容易找到解答的路径了。张五常多次讲，科斯总是凭直觉先有答案，然后再论证。这其实还是因为他头脑中有基准。

下面举几个具体的例子。

学了经济学，懂得自愿交易必定使双方都受益，那么你立即就知道，市场经济不利于穷人的说法是错误的。自愿交易使双方都得到改善，包括穷人也一定是改善的。你将不再关注收入差距是否扩大，而将注意力放在富人是否以自愿交易、让他人也受益的方式在挣钱。只要他是以自愿交易、让他人也受益的方式致富的，那么他们越富越好。他们越富，对整个社会越好，包括对穷人也越好。这就抓住了问题的本质。

学了经济学，你知道保护产权、推行市场化是发展经济的唯一正确途径，于是，很多过去不能理解的事物，马上就能理解了。

有一次，我和朋友聊天，她讲起去徽州旅游的观感。她说：徽州贫瘠，养活不了当地的人，那里的男孩子13岁就得离家外出闯荡，这反而成就了徽商。这其实是资源诅咒的翻版。但只要心中有基准，你立即就能明白，所谓资源诅咒的说法完全是错误的。

不是贫瘠成就了徽商，而是别处的产权有保障、市场发达以及富饶。这些少小离家的徽州男孩，在别处挣了钱，变成徽商，然后回到老家盖宅子，而当地富人少，于是就非常耀眼。看得见的是这些功成名就的徽商，看不见的是成就他们的真正原因。其实，在那些产权有保障、市场发达并且富饶的地方，富商更多，但正因为多，反而不显眼了。我曾在苏州参观过一个宅子，全是用金丝楠木造的，但因为淹没在繁华的苏州城内，就不容易被人记住。

如果资源诅咒真的成立，那上帝恩赐反而错了？其实，有错的永远都是对产权和市场的破坏!

有人说,计划经济的时候腐败少、问题食品少。但你只要学过经济学,立刻就能明白其中的错误。腐败根源于管制。计划经济下,买个自行车都要托关系,买斤肉,人熟给你肥的,人不熟给你瘦的,腐败能少吗?按相对比例来说,计划经济时的腐败一定更多才对。至于问题食品,没有食品吃才是天下最大的问题。

又如,如果头脑中有基准,知道干预价格会导致租值消散,不利于经济发展,那么当有人说降低利率可以刺激经济时,你立即就知道那是错误的。利率也是价格,干预利率当然也会导致租值消散,不利于经济发展。如果降低利率能刺激经济,那么降低其他价格是不是也能刺激经济?

再如,当有人讲劣币驱逐良币定律(格雷欣定律)的时候,你同样立即知道那是错误的。因为在理想的状态下,良币、劣币的收益率是一样的。当加入特定约束条件,可以出现劣币驱逐良币的现象;而当加入另外的约束条件,又可以出现良币驱逐劣币的现象。国民党统治后期,人们使用美元、黄金,放弃金圆券,就是良币驱逐劣币。假如看到劣币驱逐良币,就得出劣币驱逐良币的定律,那么看到良币驱逐劣币,是否又要得出良币驱逐劣币的定律?

同学们之所以要读书上大学,就是要在头脑中建立起观察世界的基准。有了基准,看问题的时候就不仅有一致性,不会零敲碎打、就事论事,而且还能做到简单、快速、准确。那么，作为老师，首先也要在自己的头脑里建立起这样的基准。

当然，在大量阅读的时候，也要有鉴赏能力，要知道哪些才是经济解释的文章，哪些才是真正走经济解释路线的人。一个人，看谁说的都有道理，就是没有基准。

最忌讳的是，在没有建立起基准之前就学杂了，那就永远也提高不了。要么走主流的路，要么走真实世界经济学的路。如果走前一条路，可以随便找指导老师，因为大多数老师走的都是主流。但如果选择后者，那么，主要不是找指导老师（这方面老师非常少），而应该反复精读张五常、朱锡庆、俞炜华、李俊慧、薛兆丰、笔者等人的书。舍此，没有别的捷径。

要想成为一名好的经济学老师，首先要把基本概念和基本原理吃透，为此，需要精读原理书。原理书不在于读得多，而在于读得精。人家的老婆好，自家的娃儿乖。假如要我推荐书的话，我首推自己的《麻辣烫经济学：经济学通识二十一讲》（如果愿意读大部头，那么也可以读我的《通往真相之路：重塑经济学基础》）。

基本概念和原理并不多，也就成本、供求原理等几个罢了。张五常曾说，他只用成本、需求曲线两个工具解释现象。后来他干脆简化为一招：只用需求曲线，打遍天下。

是的，经济解释就这么简单：人的一切行为都遵循收益最大化（成本最小化）的原则，剩下的就变成了考察到底是什么约束条件决定了成本收益的大小。

诺奖得主科斯教授也说:"经济学能够告诉我们的只是一些基本道理。"他还说:"不管你们讲什么,我脑袋里想到的都是土豆。"我猜测,科斯的土豆就是约束条件。当年张五常第一次见到科斯时说:"我花了三年时间读您的文章。"科斯头都不抬,问:"那你说,我的文章都讲了什么?"张五常答:"讲合约的约束条件。"科斯立即抬起头,说:"终于有人懂我了。你吃饭了吗?我请你吃饭去。"从此,二人成为终生的师友。张五常一直强调,科斯的贡献并不在于什么定理,而在于提醒我们关注约束条件。

所谓经济解释,就是调查现象背后的约束条件。所谓经济预测,就是给定约束条件,推断会出现什么现象行为。解释和预测,其实是一回事,但基础是解释。做好了经济解释,才可能做好经济预测。连一个现象也没有解释过的人,不要相信他(她)的预测。

经济解释的方法简单,但要做好并不容易,不能只在书斋里"做学问",需要了解真实世界,要去解释真实世界的现象和行为,并且要反复练习。科斯和张五常一再强调:经济学的实验室在真实世界,最愚蠢的就是去研究根本不存在的现象。

进行经济解释,要先从小的、具体的现象开始,切忌一开始就去研究宏大问题。这不只是因为后者难以控制其他变量,容易出错而不自知,更重要的是,宏大问题未必比小问题重要。例如,冬天菜价上涨,可是麻辣烫并不会因此而涨价,恐怕就比全球化这个问题还要重要。

我曾解释过"排队买牛奶"的现象。《经济学消息报》高小勇总编说，自从这篇文章之后，我的文章质量有了质的飞跃。我也觉得从此自己对经济问题有了更深的理解。

好老师一定要有对大量现象的解释，否则，他就还只是一个搬运工，达不到好老师的要求。我评价一个老师，不看他（她）发了什么文章、拿了什么课题、得了什么奖励，只看他（她）解释了哪个现象。我自己解释过"重男轻女""三从四德""井田制"等大大小小上百个现象。

经济解释的方法简单，然而得出的结论常常令人震撼。

经济不发达，财富少，医疗技术又落后，养女儿的收益就低，风险就高，于是人们就重男轻女。当经济发展、财富多了，医疗技术进步了，养女儿的收益上升、成本下降，人们就不重男轻女了。因此，要改变人的行为，不是说服教育，而应该改变其所处的环境条件。你不喜欢重男轻女可不可以？当然可以！但是不要去批评别人家重男轻女是封建落后，而应该努力发展经济、创新医疗技术，当经济发展了，医疗技术创新了，人们自然就不重男轻女了。

在男女关系中，女性会怀孕生孩子，而这是一件高成本的事，哺乳期女性甚至养活自己都困难。所以，女孩子必须确保追求者是真心爱自己，并且能养活孩子和自己。能力好鉴别，学历、职业、家庭背景等都可以帮助做出判断，但是否真心爱自己就难了，于是女孩子就进化出了矜持的本能。女孩子不能主动,她必须让男孩子千辛万苦地追求,只有这样,才能把那些不是死心塌地爱自己的人淘汰掉。无疑,避孕技术降低了男女关系中女性的风险,于是我们可以推断:避孕技术会增强女性的主动性。这是不是正在得到实践的验证?

经济解释不难,难的是养成进行经济解释的习惯。而真正难的是培养自己的经济学理念。

灵感哪里来

在学术上，我们追求创新。在教学上，我们追求用通俗、有趣的方式把问题讲得人人都能懂。这其实也是创新。谁都知道创新重要，那么，怎么才能创新呢？

"他山之石，可以攻玉。"最常见的就是通过工具创新、方法创新来实现结果的创新。

大家都在淘金，你想比别人淘到更多的金子，就必须改善方法、改进工具。例如，他人用法学方法研究法律，你用经济学方法研究法律，他人用历史学方法研究历史，你用经济学方法研究历史，那么就容易看到别人看不见的东西。这就是创新。

福格尔、诺斯用经济学的方法研究历史，贝克尔用经济学的方法研究社会问题，都获得了诺贝尔经济学奖。科斯是法律经济学的开山鼻祖。在教育学、管理学领域，经济学的应用方兴未艾。

我奉劝年轻老师不要走主流经济学的路，除了主流经济学本身有重大缺陷之外，更重要的是，用非主流的方法更容易产生创新成果。这并不是说曾经在主流经济学上花的功夫就浪费了，有了主流和非主流的对比，更容易发现问题。而发现问题，本身就成功了一半。

不过，我的切身体会是，原创思想常常来自潜意识。至少，我的好想法都不是在书房里想出来的，而是在睡梦中产生的，或者是在散步、跟人讨论问题的时候突然产生的。好想法有如神助，可遇而不可求。我举几个例子。

2017年，我在喜马拉雅讲微观经济学。我知道租的概念与其他内容不兼容，但就是不知道怎么讲清楚这个问题。离讲课只有一周时间了，我还是没有想明白。每天散步，我都和太太讨论怎么讲这个概念。在开课的头一天，我一下子想明白了。

"租"被认为是其大小变化不影响供给的收入。土地收入被认为是典型的租。一块土地，100元租给我，租金降一点，降到60元，土地也不会被撂荒。可既然这样，为什么我不花60元租呢？只给你60元，你也不会撂荒土地，那岂不是我花冤枉钱了？

因为我花60元租不到嘛。假如我只出60元，你就不租给我了，而是租给了出价100元的张三。你从我这里收到的100元地租，其实是你放弃租给张三的租金。那么，这100元地租，到底是租，还是成本？连典型的地租都是成本，还有不是成本的收入吗？

因为已经签了协议，所以我不讲课程的违约成本很高。

按照传统的说法，我的卖课收入绝大部分是租了。但问题是，我不只是在卖课和不卖课之间选择，还可以在把课程做得更精致一点还是不那么精致之间选择。把这一点考虑进来，那么所有卖课收入就又都是成本了。

假如今天的课程卖得好，我的兴致就会高一些，我会更加仔细地校对文稿，反复斟酌，多录几遍音，从中挑选最好的上传。但如果卖得不好，我的兴致就没有那么高了。看起来，无论卖课的收入高一点还是低一点，我仍然在做课程，似乎不影响供给，但实际不是这样。我做课程的心情不一样，效果上肯定有微妙的差异，只是外人不容易感觉出来罢了。

结论是：租和一般的收入没有本质区别，它不仅是一个多余的概念，还给经济学带来歧义。

恩格尔定律不难，但要用一个通俗有趣的方式把它讲出来却不容易，很长时间我都没有想到好办法。有一天，我跟太太在操场散步，突然想到了下面的讲法。

问女同学：由于疫情影响，爸妈的收入下降了，给你们的零花钱少了；过去你们买高档化妆品雅诗兰黛，现在你们有两种选择，一种是不买化妆品了，素面朝天地去见男朋友，另一种是买低档的大宝，你们会选择哪一种？几乎所有女同学都回答：买大宝！那么，如果不是收入下降，而是收入上升呢，不就是恩格尔定律了吗？你看学生自己就能够悟出这个定律了。

2021年网上热炒房产税。我想给学生讲一讲房产税对房价的影响，但直接用供求模型分析，学生未必爱听。关键是，经济学原理说任何税收都不会有降价作用，然而很多人认为房产税会使炒房客抛售手中的房子，会增加房子供给，从而降低房价。怎么才能给同学们讲清楚其中的道理呢？我一有空就想这个问题，大约过了半个月时间，才突然想到下面的讲法。

假设你所在的城市有个三江汇合口，在这个汇合口有一个小岛，小岛是你们城市风景最美的地方。开发商在这个岛上分两期开发房子，第一期1000套；第二期1000套，5年后上市。请问：在买第一期房子的时候，你会认为岛上房子的供给只有1000套吗？

当然不会！即使第一期只有1000套，你也会按照2000套来出价，因为房子不是一次性消费品，你今年买了，5年后开发商的第二期房子上市时，会影响你的房子的价格。

假设市场上正在交易流通的有1000套房子，炒房客手中囤了1000套。炒房客囤的这1000套，跟开发商第二期的1000套有什么本质区别吗？完全没有了！

所以，尽管炒房客手中的房子还没有上市交易，但也是市场供给。潜在的供给也是供给。不征房产税，房子供给量等于在售的1000套加炒房客囤的1000套；征收房产税，房子供给量等于在售的2000套加炒房客囤的0套。房产税的确会让炒房客抛售房子，但是，这只是影响在售和待售房子的比例，并不影响在售和待售加总在一起的总供给量，而决定房子价格的是在售和待售加总在一起的总供给量，因此，房产税怎么可能降房价呢？

在这个例子的引导下，一个很多人都没有想明白的问题，同学们自己就得出了正确的结论。我顺势强调：预期决定人的行为，重要的话讲三遍。我感觉课堂效果很不错。

我们追求用让任何人都能听得懂的方式讲述经济学，其中包含着重要的创新，因为很少有前人在这方面下过功夫，没有太多可资借鉴的。

那么，怎么做好这一点呢？我的经验是，时时惦记要讲的问题，把它植入潜意识，在某个时刻，遇到某个场景、某件事情，你可能突然就来了灵感，产生出好的想法。

逻辑要一致

如果说逻辑可以不一致，你一定会觉得这很荒唐。逻辑一致，这其实是一个最低标准。但就是这个最低标准，不少人，包括部分专家学者，都没有做到。

很多人能够在一个问题上自圆其说，但是对不同问题的解释却彼此矛盾，做不到逻辑一致。所以我讲：一个人讲好一节课不难，但要成体系地讲好一门课就不容易了；写一篇文章不难，但要成体系地写一本书就困难了。因为局部总有很多看起来都讲得通的解释，但是不同局部看起来讲得通的解释，放在一起很可能是互不兼容的。

凯恩斯讲：企业家有"动物精神"，这会导致经济波动，解决的办法是，政府进行宏观调控。可是，如果企业家的"动物精神"会导致经济波动，那么调控者有没有"动物精神"？凭什么说企业家的"动物精神"导致经济波动，调控者的"动物精神"却又烫平经济周期呢？

凯恩斯主义宏观经济学认为，利率构成企业的生产成本，降低利率可以鼓励生产、刺激经济。可是，利率不过是一个价格，如果降低利率就能刺激经济，那么降低其他价格是不是也能刺激经济？其实，价格既是成本，又是收益，只是看问题的角度不同罢了。从买方角度看，价格是获取东西的代价；从卖方角度看，价格是放弃东西的报酬。既然利息也是价格，它就同样既是成本，又是收益，那么降低利率又怎么可能刺激经济增长呢？

今天，绝大多数经济学家，包括凯恩斯主义者和部分非凯恩斯主义者，都认为，温和的通货膨胀有利于经济增长，恶性的通货膨胀才是有害的。可是，货币不是因为节约交易费用而产生的吗？既然货币的主要职能是作为商品流通的媒介，那么货币政策的首要目标甚至唯一目标就应该是货币稳定，为什么又要用货币政策去刺激经济呢？再说了，凭什么温和的通货膨胀就有利于经济增长，恶性的通货膨胀就不利于经济增长？温和与恶性的分界线划分依据是什么？

亚当·斯密开创的现代经济学要证明的是市场的有效性，即通过市场机制（看不见的手）的作用，利己的个人在追求自身利益的过程中会不自觉地有效实现社会利益。科斯定理则表明，清晰的权利界定是市场和市价的前提条件。换言之，当条件不具备的时候，市场就不会存在。然而，今天主流经济学竟然把主要精力用来讲述市场失灵，即：有市场存在，但市场的作用不能达到理想的效果。这种讲法和斯密、科斯的思想不矛盾吗？

所有与此相关的错误，其实都是因为逻辑不一致而引起的。一旦能够做到彻底的逻辑一致，我们立即就能发现一片新天地。

我的《宏观经济学新论》就是在逻辑一致的拷问下构建了一个全新的体系。

我对微观经济学中很多概念、原理的打磨，也是基于逻辑一致的拷问。

租是其大小变化不影响供给的收入，或者说，租是成本之上的收入。两百年来，租都被认为是一个重要的经济学概念。可是，如果大小变化不影响其供给，那岂不是一部分人花了冤枉钱，另一部分人吃了免费午餐？而经济学又说天下没有免费的午餐，这岂不是矛盾了？我最终得出结论：所有的收入都是成本，租是一个多余并且产生混乱的概念。

在《麻辣烫经济学：经济学通识二十一讲》中，我论证了：市场不仅有效率，而且公平；市场可能缺失，但是不会失灵。同样，在这本书里，我说明了"合成谬误"是错的，"囚犯难题"部分是错的。我是怎么发现它们错了呢？因为它们和科斯定理背后要讲的道理是一样的，可是彼此矛盾，因此不可能都对。

再如，说垄断导致价格高、质量低也与自由交易逻辑不一致。并不是垄断者把其他厂商打败而成为垄断者的，而是消费者用钞票选择垄断厂商、不选择其他厂商，从而使其成为垄断者的。垄断是市场竞争的产物，只可能导致价格低、质量高。我们观察到的垄断导致价格高、质量低，其实不是垄断的错,而是行政垄断的错。行政垄断不同于垄断,它是借助行政力量只允许一部分企业干、不允许其他企业干的产物,因而是反市场竞争的产物。

我相信,假如用逻辑一致这个标准去检验人类的各种知识,那么很多都是经不起检验的。而一个人,如果能够学会坚持逻辑一致,那么一夜之间就可以成为一个准天才。

把概念、原理用到极致

我们是通识课，并不要求学生全面系统地掌握经济学，重在让学生掌握核心概念、基本原理，从中理解经济学的理念，学会用经济学的视角和方法看世界。

很多时候，一个概念，一个原理，就是一种看世界的方式。因此，我们千万不要辛辛苦苦把概念、原理讲清楚后，就停下脚步，而要多用这个概念、原理分析问题，将其用到极致。

例如，机会成本这个概念讲的就是从选择角度看世界这样一种方法论。

成本是放弃的代价。选择甲，就得放弃乙，那么放弃的乙就是选择甲的成本。

周末理发店生意好，节假日旅游景点人流火爆；外地人到了北京急于看长城，本地人却不着急；超市经常拿一款商品以低于进货的价格打折销售；婚恋关系中男女行为存在重大差别；水都烧到80度了，不差那20度，继续烧开；趋势为王，股市中涨要涨够，跌要跌透，涨跌都将超过人们的想象……我们可以用成本概念分析形形色色的现象和行为。

我个人倾向于要尽可能追求有超越人们既有认识的效果：过去人们理解不了的、认为不合理的，我们用经济学的方法解释后理解了、懂得了其背后的合理性。

为什么随着经济发展，生产效率提高了，粮食价格反而上升呢？因为种粮的劳动成本是放弃打工的收入，当工业发展有看头时，种粮的劳动成本就会上升，从而导致粮食价格上升。它的启示是，必须跳出农业来思考农民收入问题，即必须通过发展工业来提高农民收入。

为什么老板每月给我3000元，而不是3001元？因为有张作诗、李作诗排队等候，他们愿意3000元干同样的活。为什么老板不能每月给我2999元？因为我可以到其他老板那里去挣3000元。工人的工资是由替代选择决定的。我相信，学生听完了这个分析后，立即就能理解提高工资收入的正确途径只能是保护资本，让劳动变得相对稀缺。

过去，农民收割麦子后，小孩、老人还要去捡拾掉落的麦穗，现在已经没有人这样做了。那么，是不是现在人们不珍惜粮食、存在浪费了呢？不是，因为现在用捡拾麦穗的时间去做别的事情能创造更大的价值，也就是捡拾麦穗的机会成本提高了。

当我们发现某个东西有缺陷时，能否就此得出结论：它是不好的。不能。必须从替代选择的角度看世界：如果没有更好的选择，那么它就是最好的。比如，在古代人们重男轻女，在公立组织会搞论资排辈，该怎么看待这样的事情？我们不能简单地说它们不好，而必须仔细考察在当时的约束条件下有没有更好的选择，如果没有，那么尽管它们存在缺陷，也仍然是最好的。

你看，表面上成本只是一个概念，实际上是一种看世界的方式。不要小看了这个看世界的方式。假如人们真正掌握这个方式，恐怕就不会有反垄断法了，就不会有种种市场失灵的说法了。

又如，讲完恩格尔定律，不要浅尝辄止，同样要充分展示这个定律的应用。

恩格尔定律讲，随着收入提高，人们在高档品上的支出比重会上升，在低档品上的支出比重会下降。这意味着，随着经济发展，人们的收入提高，一些产业将扩张，另一些产业将收缩，即便是同一产品，精致化将是趋势。就是说，早30年，乔布斯的精致化策略未必会成功。在讲课的时候，如果我们能够结合实际，具体推断哪些产业会扩张，哪些会收缩，不仅能让同学们更好地理解恩格尔定律，也更容易吸引同学们的学习兴趣，因为这对他们将来就业、创业有一定的指导。

当经济下滑时，假如你是超市老板，那么就要少进高档品，多进低档品——2018年，我接受阿里巴巴电话采访的时候，就是这样建议他们的；假如你是投资者，那么就要买生产榨菜、方便面、酱油这样的低档必需品的公司的股票，而不能买生产高档奢侈品的公司的股票。

根据恩格尔定律，我们可以得出结论：劣质食品其实是收入低的外在反映，随着人们收入提高，劣质食品就会逐步消失。因此，我们就可以反过来依据人们的衣食住行推断其收入水平。

我们还可以用恩格尔定律来分析宏观经济。2001年，美国发生"9·11"事件，这必然使美国的投资下降、经济增长放慢。由于美国是世界经济的火车头，这意味着中国经济增长也会放慢。当时很多人就是这么认为的。然而，高小勇不这样看，他认为：随着收入减少，人们不是简单地减少消费，而是减少高档品消费，增加低档品消费；中国是生产低档必需品的王国，因此中国的机会来了。果不其然，2002年中国超越美国一跃成为FDI第一大流入国。

众所周知，当成为发达国家之后，人口出生率都呈现出下降的趋势。这是为什么呢？

这其实也有恩格尔定律的作用。设想：过去你买一辆自行车，收入提高后，会买两辆三辆吗？不会的，你会换成汽车。同样的道理，过去你养三个、四个孩子，读个初中就满意了。收入提高后，你会选择养一个、两个大学生孩子，不会选择要三个、四个初中生孩子。就是说，随着收入提高，会出现用孩子质量替代孩子数量的情况。

我想，假如每一个知识点，我们都能应用到极致，那么我们的课程就有一定水准了。不是说都要在课堂上讲，但由于可选择性大，讲起课来会游刃有余。为此，作为老师，我们一定要培养用核心概念、基本原理分析形形色色现象和行为的能力。这当然不是一朝一夕就能做到的。而很重要的一点是要善于借鉴他人的智慧。我们要建立核心概念、基本原理的应用档案，发现一个好的解释、好的应用，要及时记录下来。例如，利用恩格尔定律根据消费反推收入水平，就是在 2022 年 1 月 17 日的教学分享会上听其他老师讲的，我就及时把它记录下来了。

研究问题，要从小处着手

给大家讲一个我出书的故事。我的《麻辣烫经济学：经济学通识二十一讲》中有一节，题目是：好老师教你从一个角度看问题。编辑把它改成：好老师教你先从一个角度看问题。当然，在我的坚持下，最终采用了原来的标题。

这件事反映出来的是大多数人根深蒂固的全面、系统看问题的倾向。我当然不是说不应该全面、系统看问题，问题是：怎么才能做到正确地全面、系统看问题呢？

现实中，影响事物的因素很多，难的恰恰是控制其他变量分析某一个因素的影响。例如，想要知道 A 药品对某种疾病有没有疗效，我们不能简单观察病人吃了 A 药品后病是否好了，因为有可能病人不吃 A 药品也会自愈，也有可能病人是因为喝了可口可乐才好的。那我们就做随机双盲实验：随机选取一些 20-30 岁的病人，再随机将他们分成两组，一组吃 A 药品，另一组吃看起来像 A 药品实际上没有任何药物成分的东西。和后者相比，如果吃 A 药品的人病情显著好转，那么就说明 A 药品对这种疾病有疗效，否则就没有疗效。

为什么要找 20-30 岁的病人，并且给另一组吃看起来像 A 药品实际上没有任何药物成分的东西，而不是啥药也不吃呢？因为 20-30 岁的人有其他疾病的可能性小，如果另一组啥药也不吃，那么就很难排除心理作用。这些都是在控制其他变量。可见，控制其他变量是一个多么精细的工作。

可以这样讲，整个科学主要就是在解决这个问题。真正困难的，是控制其他变量，分析某一个因素的影响。只要能做好这一步，自然也就会系统、全面地分析问题了。

所以，在《麻辣烫经济学：经济学通识二十一讲》中我讲：好老师教你从一个角度看问题，不好的老师一上来就要求你全面、系统地看问题。再说一遍：我没有说不应该全面、系统地看问题，而是你首先要有只从一个角度看问题的本领。

从增长学问的角度，还要多研究小问题，少研究大问题。前者，可以真正弄清背后的因与果；后者，因为影响因素太多，实际上多数情况下都是不求甚解。

阿尔钦研究为什么加州最好的红苹果都卖到外地去了。这是小问题。但他的答案可以解释为什么好马会配好鞍、征收关税后出口商品的质量会怎么变化等广泛的现象。我利用其中的原理，通过观察企业的外观形象就能判断其产品的质量好坏。你见过研究全球化的产生过什么新理论？但研究冬天蔬菜涨价而饭店菜品不涨价的，却可以产生菜单成本理论。

事实上，如果一个人的著作中没有对小事物的细微洞察，只是一些抽象大词的堆砌，那么其学问基本上乏善可陈。像卢梭、罗尔斯等人,有谁见过他们对哪怕一个小事物见微知著的洞见吗?他们有的只是自由、平等这样一些大词。所以,他们浪得虚名,害人不浅。

何为自由?其实他们根本就没有讲清楚。严复把密尔的《论自由》翻译成《群己权界论》,传神。行使自己的产权又不侵犯他人的产权,这就是自由。自由恰恰强调的是边界意识。

至于平等,起点平等,终点就不能平等,终点平等,起点又不可能平等,那什么叫平等?有人说,机会面前人人平等就是平等。可是,游戏规则不同,机会就不一样。假如用"价高者得"分配财富,那马云就是亿万富翁。而如果用"分高者得"分配财富,我谢作诗就是亿万富翁。那么请问:如何做到机会面前人人平等呢?

正确而又残酷的答案是:人生而不等。人与人不可能在所有方面都一样。那怎么办呢?我们就要认真思考,接受那方面的不平等以换取在其他方面的平等。严肃的经济学的答案是:接受财产占有上的不平等,以换取在其他方面的平等,否则所有的美好描述都是乌托邦。

当然,我也不是说就不要研究大问题,但是要增长学问,必须先研究小问题。大问题,未必是重要的问题。而小问题,如果背后的道理具有一般性,那就是大问题。

世世代代的人们都试图回答"世界是什么"这样一些大问题,但不可能找到答案。找来找去,只能去找上帝。到了近代，西方人不再问"世界是什么"这样一些"形而上"的问题，转而去研究摩擦生热、石头抛向空中某个瞬间的速度这样一些具体的问题。恰恰是对于这些具体问题的研究，产生了近现代西方的科学文明。

一个人要想在学问上有所成就，是需要名师指点的。注意，是明师，不是名师。张五常一再讲他很幸运，一生屡遇名师，此名师亦明师。明师就是真正懂得学习、研究规律的老师。

当年我读博士的时候，老师要求我只能从一个角度分析问题。我都读博士了，他还要求我只从一个角度分析问题。他还总逼着我回答：你的问题是什么，你的问题到底是什么？每次我跟他讨论学位论文的时候，他都要求我用一句话讲清楚问题是什么。如果我做不到，他就不理我。他经常对我说：你那个问题是大（large）问题，但不是大（big）问题。如今，我与老师在学术方向上早已分道扬镳，老师做主流经济学，我则走上了芝加哥学派的道路。但老师在学习、研究方法上给予我的指导，给了我极大的启发，让我受益终身。

至少要熟悉两个流派

一个人的经济学怎么样,可能有不同的评价标准。我的标准简单,就是看其经济学是否纯粹。纯粹表现在两个方面:其一,有没有基准,是否人云亦云;其二,是不是"经济学帝国主义"者。

有基准的人,有稳定、一致的底层逻辑,就不会人云亦云。而没有基准的人,就没有定力,听张三说,觉得精彩,听李四讲,觉得也有道理。

我认为,真正理解经济学的人,一定是一个"经济学帝国主义"者,相信只要是人的行为,经济学就都有用武之地。因此,当有人说:爱情那么圣洁,不能用经济学分析;父母对孩子的爱是无私的,不能用经济学分析;犯罪不是理性行为,不能用经济学分析……那么大概率,这个人的经济学还不过关。

经济学的确不能解释,为什么在那一刹那,某位女士就这样喜欢上了某位男士,为什么贾宝玉更喜欢林黛玉而不是薛宝钗,但是经济学家知道,焦大不会爱上林妹妹。有人生性浪漫，追求一见钟情；有人生性稳重，主张日久生情。但是，当外在约束发生变化时，这两种恋爱方式出现的概率会变化。因此，即便是对于最感性的恋爱婚姻，经济学也是大有用武之地的。

然而，经济学流派林立，这就有个选择问题。我的看法是，公理假设相同，只有对错之分，没有流派之别；公理假设不同，才有流派之说。以此来看，好些经济学流派其实是错误的。

问题是：怎么才能发现流派的错误呢？

没有比较，就没有鉴别。通过学习两个以上的流派，就容易找到问题、发现错误。当年，我的博士生导师告诉我，至少要熟悉两个流派，因为只有跳出自身的体系，才可能看清自身体系的问题。我的老师要我除了熟悉新古典经济学，还要熟悉新制度经济学。当我学习了新制度经济学之后，回过头来审视新古典经济学，理解上的确大不一样了。

古典经济学以利己假设为出发点，证明市场竞争、价格机制在配置资源的时候能够使社会福利达到最大（分权市场理论），而劳动分工和专业化生产则具有提高生产率的进步作用（分工和专业化理论），建立起了分析资源使用与收入分配的基本架构。新古典经济学引进微积分，把利己处理为约束条件下争取个人利益最大化，形式化了古典经济学的分权市场理论。

从做模型的角度，不能区分货币成本和非货币成本，只能设置统一的成本函数，否则就不好处理了。但是从解释现象和行为的角度，必须区分货币成本和非货币成本。

从做模型的角度，可以假设交易费用为零，但要解释现象和行为，必须考虑交易费用。而一旦考虑了交易费用，数学就大打折扣了。例如，数学上最大化的必要条件是一阶导数等于零，即边际等式成立，可是正交易费用下边际等式成立可能反而无效率。那么怎么使用数学呢？

新古典经济学关注形式完美，并不是为了解释现象和行为而构建的，甚至与真实世界格格不入。例如，新古典经济学一直沿用马歇尔的说法：短期，成本不影响价格；长期，成本影响价格。但是，假设市场预期到乌克兰要爆发战争，尽管还没有正式爆发，那么商品价格会上涨吗？一旦预期到了，瞬间就会反映到产品价格中，跟时间长短没有什么关系。大家想想，主流经济学连成本与价格的关系都弄错了，又怎么可能解释真实世界的现象和行为呢。

今天，大学里讲的基本上是主流的新古典微观经济学和凯恩斯主义宏观经济学，因此只要硕士、博士毕业，这方面的训练应该都没有问题。那么，另外一个流派选什么？

鉴于生活中的经济学要分析生活中的各种现象和行为，我的建议是：选科斯、张五常为代表的交易费用经济学。这个学派的显著特点是注重经济解释，并且只使用最基本的概念、原理，避免那些花哨的东西。张五常是这个学派的集大成者，一定要读读张五常。

确立流派、形成学术共同体还有特别的意义，因为这是合作交流的基础，更是形成影响力的必由之路。我曾听一位老师讲主流的垄断理论，她讲得很好，但我们却没法深入交流，因为她讲的是新古典范式，我内心认同的是交易费用范式。大家的底层逻辑不同，是没有办法做深入交流合作的。你看国外有芝加哥学派、奥地利学派、华盛顿学派、剑桥学派……国内有什么学派？因为人家研究的问题虽然形形色色，但是有共同的方法特征，底层逻辑相同。国内呢，问题导向，不同研究路子的人集合在一起，底层逻辑大相径庭，根本形不成合力。

不仅看到看得见的,还要看到看不见的

两百多年前,法国经济学家巴斯夏告诫我们:不仅要看到看得见的,还要看到看不见的。但是人不会天生就具有这一能力,因此就需要系统学习经济理论。

很多人支持最低工资法。可是,老板不是慈善者,不可能说工人只创造 800 元价值,他却发给工人 900 元的工资。假如规定最低工资为 900 元,那么老板就不会再雇佣只创造 800 元价值的工人。看得见的是,实施最低工资法后工资水平提高了。看不见的是,因此而导致的失业人数的增加。所谓工资水平提高,只是把生产率低于 800 元的工人淘汰后产生的假象。

巴斯夏以此批判了"破窗理论"。"破窗理论"讲的是:好好的窗户,把它砸烂,重建,这会增加 GDP,带动经济增长。巴斯夏一针见血地指出:看得见的是重建窗户的过程中所产生的就业,看不见的是,假如窗户没被砸烂,资源就可以用在别的地方,照样可以产生就业。因此,断不能得出"把好好的窗户砸烂,重建,可以带动经济增长"的结论。

同样是巴斯夏,在两百多年前就指出刺激消费是错误的,

可是今天仍然有很多人在犯这个错误。他说：刺激消费的钱不会凭空产生，对汤姆的补贴来自对杰克的征税，看得见的是汤姆增加了消费，看不见的是杰克减少了投资。因此，刺激消费并不能产生刺激经济的作用。

支持产业补贴的人经常拿来一堆数据和事实，说：你看政策的确带来了很多产业的繁荣。姑且不说产业补贴失败的例子比比皆是。补贴的钱只能通过向其他企业征税获得，这对其他企业是一种伤害。总体上看，到底有益于经济还是有害于经济，并不是直观看到的那样。

人们在指责"血汗工厂"的时候，其实也只是看见看得见的。富士康发生工人跳楼，立即引来对"血汗工厂"的指责。看得见的，是在富士康上班的辛苦忙碌，看不见的，是假如不在富士康上班，工人们的生活会更差，否则没法解释为什么工人们排着队去这家工厂。其实，没有那么复杂，若论自杀的比例，富士康大概率比全国的平均水平低。

如今，实证分析（准确地叫经验研究）充斥经济学刊物，几乎到了不做计量分析就不能发表文章的地步。这其实是错误的做法。经济学是关于选择的学问，而替代选择经常并不真实出现。就是说，经济分析经常是拿现实与并不真实出现的替代选择进行比较，怎么做计量分析？

可以这样讲，凡是涉及与替代选择进行比较，而替代选择又并不真实存在的，都不可以做计量分析。例如，通过计量分析，哈伯格证明垄断导致高价格、莱本斯泰因证明垄断导致高成本，从方法论上讲都是错误的，自然他们的结论也都是错误的。垄断是不是导致高价格、高成本，要和非垄断情况作比较，可是既然出现了垄断的情况，就意味着非垄断的情况并没有出现，那么怎么可能通过计量分析得出他们的结论呢？

垄断是不是索要高价了，怎么回答这个问题呢？不能拿不同的行业作比较，必须假设不是垄断，而是竞争经营，看看这时候价格是什么情况。但是替代选择并没有真的出现，那么要怎样进行这样的比较呢？我们说，只能回到原初状态进行比较。

在没有汽车、飞机的年代，铁路是垄断了。垄断的铁路索要高价了吗？显然没有，否则的话，人们会继续选择肩挑背扛、马车拉。人们可以选择肩挑背扛、马车拉，却不选择，而选择用铁路运输，只能说明铁路运输降低了运输成本，降低了运价。这是逻辑。

同样，垄断是不是导致高成本，也要和没有真正出现的替代选择比较。莱本斯泰因只是基于现存企业或行业的数据，得出垄断导致成本上升，产生无效率，怎么可能不出错呢？

经济学有一个大名鼎鼎的人力资本理论，其中强调教育投入有利于经济增长。统计分析可以得出"教育投入多，经济增长也快"的结论。问题是，哪种投入增加而产出不增加呢？要考虑的是，这个投入不用在教育上，而用在其他方面，经济会不会更快增长。要考虑的是，谁来增加这个教育投入能使经济更快增长。大多数国家都在努力增加政府的教育、科研投入,特朗普上台后大砍联邦政府的教育、科研经费,结果怎样呢?美国的科研人员没有因此而收入下降,相反,他们的人均年收入还增加了 1000 美元。因为政府少花钱了,企业就有更多的钱可花,企业增加科研支出,科研人员从国家研究机构跳槽到企业研究机构,收入反而增加了。

作为经济学者,超越大众的恰恰是能够看到一般人看不到的那一面。因此,是否总是能看到别人看不到的,这是判定经济学水平高低的重要标准。

第三章
实战篇：一般技巧

重视第一次

第一次讲课就要建立起轻松愉快的课堂氛围。

其中的道理不难理解。谈恋爱,如果第一次见面就拉手了、拥抱了,再见面不拉手、不拥抱都不自然。反之,如果第一次见面没有拉手、没有拥抱,第二次还不好意思下手呢。第一次讲课基本上为后面的课堂氛围定了调。不是说后面不可以把氛围调回来,但会事倍功半。

我的办法是,开门见山告诉同学们:"你们见到的一直都是老师在鼓励你们,其实,老师都是装的,老师更渴望得到同学们的鼓励。"我说:"我是一个性情中人,如果同学们给我一点掌声,我的课就会讲得更好。"毫无例外,同学们会给我掌声。甚至,当第二次讲课的时候,我刚说"我们开始上课啊",就有同学给我掌声,给我意外的惊喜。

当我做讲座的时候,我喜欢问同学们:"谢老师的衣服帅不帅?"同学们一定回答:"帅!"我再问:"只是衣服帅吗?"他们就会齐刷刷地回答:"人也帅!"这样气氛马上就活跃了。有时,我还会调侃两句:"当年我谈恋爱的时候都没有穿新衣服。今天讲座,我特地穿了一套新衣服。"同学们当然知道我是调侃,不过气氛也更活跃了。

我在想,年轻老师可不可以告诉同学们:"我是一位年轻老师,我特别渴望和同学们一道成长,同学们能不能给我一点掌声、给我一点鼓励?"我相信,同学们一定会给老师掌声的。

每个人都有自己独特的热场办法,但不管什么办法,一定要高度重视开场白。

第一个问题,不要挫伤了同学回答问题的积极性和自信心。

我自己有深刻的教训。开学第一堂课讲经济学是什么。我随口问:"说到经济学,你们首先想到的是什么?"同学们齐声答道:"钱!"这当然不是我想要的答案,我无法顺着这个答案讲下去。当我再次提问的时候,就没有人回答了。我才意识到,我无意间挫伤了同学们回答问题的积极性和自信心。

大众教育时代,很多学生高中时成绩并不优秀,在学习上的自信心并不强,因此在他们头几次回答问题的时候,一定要多给他们正面激励。要么,让大多数同学都能回答正确;要么,是一个好玩甚至搞笑的问题,即使答错了,他们也只是觉得好玩,无伤他们的自信心。

特别是今天的孩子多数是独生子女,从小被宠到大。我们那一代讲批评与自我批评,这一代孩子只能讲表扬与自我表扬。两种方式本质上是等价的,但是效果却有天壤之别。

一般来说，头几次课我会给同学们讲当年科斯发表文章的故事，以鼓励他们不要怕说错话。

科斯当年写出《社会成本问题》之后，芝加哥大学的《法律经济学》杂志决定发表，但发表的理由不是因为认为科斯说得对，而是认为科斯错得厉害。其前提是，科斯愿意到芝加哥大学接受芝大经济学教授们的批判，所以就有了芝加哥大学那天晚上的那场学术批判会。结果当然是不言而喻的，芝加哥大学的十三位经济学教授都错了，只有科斯是对的。

认为科斯错得厉害，还同意发表科斯的文章，这在中国是无法想象的事。我写了批2017年诺贝尔奖的文章，没有一家杂志愿意发表。我问编辑："我哪里错了啊？"没有人指出我错在哪里，但就是没有杂志愿意发表。我猜测，他们是担心我批错了，他们丢不起那个人。于是，我只能自己出书，将其收录在自己的书中（见第八章）。大家不妨看看，我讲的到底对不对。

当年张五常在美国读大学，考试的时候答了满满一卷子。老师看不懂，就给了他满分。试想：在我们的大学，可不可能老师看不懂还给你满分？

我还给同学们讲：2016年我在武汉东湖宾馆给已经在美国留学和即将去美国留学的一个夏令营班讲课，我差点讲不下去，因为我刚一开口，就有学生提出不同意见。为什么在中国的大学课堂上没人愿意回答问题，而同样是黄皮肤、黑眼睛、黑头发，去美国留学一年半载就判若两人呢？我的看法是，中国人太怕与众不同，太怕说错话了。

但是，如果一张口就怕说错话，又怎么可能有创新呢？！

我认为，美国这个国家之所以充满创造力，一个很重要的原因是美国人不怕说错话、做错事。我告诉同学们，很多时候错比对更有价值。张五常就讲："与其对得平庸，不如错得有启发。"太阳从东边升起，从西边落下，对不对？对，但这样的"对"有意义吗？我鼓励同学们：不要怕犯错误，科学的结论很多都是在经历了无数次失败后发现的，不犯错误，正确的东西怎么会产生？所以在课堂上，我的学生回答问题对了，我给他们加平时成绩，回答错了，错得有启发，我也给他们加平时成绩。我认为，这不只是遵循人才培养的规律，也能使课堂气氛活跃。

磨刀不误砍柴工，课堂气氛是需要我们刻意铺垫、营造的。

讲好导论课

一般的讲法是，导论都围绕"本课程的研究对象、基本框架"等来讲。例如，当年我学习经济学的时候，导论就讲"经济学研究资源配置，回答'为谁生产、生产多少、如何生产'等问题"。目前最好的经济学初级教程应该是曼昆的《经济学原理》。曼昆开篇就讲经济学十大原理："人们面临权衡取舍""某种东西的成本是为了得到它所放弃的东西""理性人考虑边际""人们会对激励作出反应""社会面临通货膨胀与失业之间的权衡取舍"……。为了讲好这门课，我特意听了清华大学老师的视频课，也是按照曼昆的书讲的。总体上，都比较泛，没有在某个局部深入下去。

这样讲不是不可以，但只适合精英教育时代，并不适用于大众教育的今天。

精英是经过层层选拔，最后进入大学的。他们有读书的习惯，也比较擅长逻辑思维。举个例子。我读大学的时候，一道题的证明过程要写满 4 张 A4 纸，我们都能从头到尾推演下来。今天，恐怕很多 985 大学的学生也做不到。这并不是说今天的大学生不如我们，我们那时是少数，比今天同等情况下的大学生强。但今天的大学生在其他方面是远远胜过我们的。

作为精英教育，点到为止就可以了，同学们自己会去查资料、去思考。但作为大众教育，导论课必须讲清两个问题：第一，我们这门课牛掰；第二，我们这门课很有趣。而作为通识课，还要告诉大家：既然不是专业课，凭啥选修这门课。

经济学通识课必须开宗明义讲清楚：经济学是研究人的行为的学问，人人都应该学点经济学；经济学是一种基础性、工具性的学科，有着广泛的应用。

这个时候，点到为止地讲一讲：科斯开创了法经济学，诺斯、福格尔用经济学研究历史获得了诺贝尔奖，贝克尔用经济学研究婚姻家庭获得了诺贝尔奖，经济学在教育学、管理学中也都大有用处，因此，有"经济学帝国主义"的称号。

但仅仅点到为止还不够，一定要在一个点深入进去。这个时候可以选择福格尔的奴隶制，或者贝克尔的婚姻家庭，深入地分析一下。要点是：经济学分析的结论跟流行的认识不一样，最好完全相反。当然也可以用别的例子，但深刻性要超过诺贝尔奖成果一般不容易。我自己喜欢的是井田制的例子，因为这个例子是我的原创。

这里的例子要突出别的学科没有经济学厉害，所以一定要选一个跨学科的例子。

接下来，要继续用2～3个例子，展示经济学如何让我们看到一个不一样的世界。

第二个例子一定要生活化，要选择日常生活中的现象和行为。

我喜欢分析"重男轻女"现象。当然，要根据听众来具体选择。假如给成年人讲课，也可以换成"三从四德"的例子。人家白萝卜都见过，你给人家上一盘红萝卜，就不辣、不过瘾。

要用这个例子给学生讲清楚：在古代，由于特殊的约束条件，必须重男轻女，否则，生存就会出问题，种族延续就会有困难；今天，环境变了，条件变了，人们自然就不重男轻女了。

因为是讲课，不是故事会，因此讲完故事后，一定要收回来。这时可以引入两个知识点。

规范分析，也叫主观价值判断。它回答"好不好""应不应该"。

实证分析，也叫客观事实分析。它回答"是什么""为什么"。

要告诉学生，我们的经济学只做实证分析，我们不问重男轻女好不好、应不应该；我们要分析：为什么会有重男轻女这样的现象？为什么过去重男轻女，现在不了呢？

当然也可以发挥发挥：价值判断太简单了，公兔子也知道母兔子好，大灰狼坏，作为人，我们一定要超越价值判断。

这并不是说价值判断不重要，而是我们要在事实分析的基础上再做价值判断。

（1）不要抽象地对事物做断言，而要在具体的环境、条件下进行评判。

不要简单地说重男轻女好还是不好、应该还是不应该，而要放在具体的环境中去评判。在古代，重男轻女就是好的、应该的，否则种族都难以健康延续，但在今天，就不好、不应该。

（2）环境变了，条件变了，人的行为也就随之发生变化。

我们不喜欢重男轻女，正确的做法是什么呢？不是批判重男轻女落后，不是改造人性、教育人们不要重男轻女，而是发展经济、创新技术。当物质丰裕了，医疗技术发达了，人们自然就不重男轻女了。

这就是经济学对重男轻女现象的解读，自然就展示了经济学看问题的视角和方法。

注意，导论课中尽量不要出现专业术语，尤其不能直接用专业术语去分析现象和行为，要用日常的话语把道理讲出来。这一节课出现了"规范分析""实证分析"两个术语，但它是讲课过程中自然引申出来的，不是用它去解释现象和行为。

接下来，我喜欢再讲一个供求原理之应用的例子。为什么选这方面的例子呢？因为它同样能产生反直觉的效果。并且，即使同学们还没有学过供求原理，他们也有"供给多价格就便宜，供给少价格就贵"的直觉。中心点要讲明白：涨价是增加供给的有效手段，涨价才是降价的有效手段，"奸商"也是救灾的功臣。

但在选材上，一定要有一点故事，同样不能直接展开分析。有故事，课程才不干瘪。

我喜欢选宋朝赵抃救灾的例子。夸一夸自己的祖宗智慧，好像所有人都喜欢。

再后面，如果有时间，就可以讲一讲经济学在实际中准确推断事物发展变化的例子。最好展现出自己的贡献。如果没有条件，也可以讲别人的例子。目的是要告诉同学们，经济学不仅好玩、视角独到，而且确实可以学以致用。

当然，讲授内容的次序可以根据学生的情况来决定。例如，如果学生不怎么爱学习，那么就应该一上来就讲反直觉、趣味性强、思想冲击性大的例子，最后再提炼经济学是什么。

导论课一定要形成强大的思想冲击，说语不惊人死不休也行。当然，逻辑要站得住脚，更不能踩教育的红线。导论课切忌撒胡椒面，面面俱到，浅尝辄止；思想要深，最好比太平洋的海底还要深；讲述方式要浅，浅显到就连没有任何基础的人都能听懂。

兴趣是最好的老师，导论课最主要的作用是激发起同学们学习这门课的兴趣。

讲课要曲折婉转

写文章要开门见山，直奔主题。但讲课要曲折婉转，尽量多用比兴手法。

上点年纪的朋友应该熟悉《大海航行靠舵手》这首歌。本来它想讲干革命要靠毛泽东思想，但它不直接讲，而是先讲"大海航行靠舵手，万物生长靠太阳"，然后再讲干革命要靠毛泽东思想。因为前面所讲的是人们容易理解的东西，再讲后面内容的时候理解起来就不难了。

讲劳资关系，我们当然可以开门见山直接讲。

劳动是主动资产，随身携带，高兴了多出一点力，不高兴了少出一点，实在不满意了还可以选择离开。而资本是被动资产，一旦投入后就难以回收。如果工人不好好干活，老板就会血本无归。出租车司机开着出租车，可以小心翼翼开过坑洼地方，也可以横冲直撞过去，老板都很难监督。因此，劳资关系中，资本是弱者，更容易受到伤害。得优先保护容易受伤害的弱势方，不然谁还愿意投资生产呢？

怎么保护呢？办法就是资本雇佣劳动，让资方拥有雇佣和解雇的生杀大权。所以,事情完全不像表面看到的那样。表面上老板拥有雇佣和解雇的生杀大权,似乎很强势,实际上雇员是强者,老板是弱者。资本雇佣劳动是一种保护弱势资本方的手段。

我喜欢先讲顾客和饭店的例子。到饭店吃饭,你是弱者,还是饭店是弱者?你是弱者。因为如果老板不同意,你少给饭店1分钱都不行,但是饭店少给你一点,或者食材差一些,你可能无法发现。

得优先保护弱者,否则就没有人愿意交易了,最终双方都受损。因此,我们强调顾客是上帝。"顾客是上帝"并不意味着顾客就高人一等,其实是对弱势方的一种保护,目的是促进交易,保护的是交易双方的利益。

讲完这个例子,再讲劳动和资本的关系。注意,我并没有说一定是资本雇佣劳动。如果资本和劳动同样容易受到伤害,那么合伙制企业就会出现。例如,会计师事务所、律师事务所就是合伙制企业。而如果劳动更容易受到伤害,那么劳动雇佣资本的情况就会出现。例如,围绕网红产生的公司,很大可能网红是大股东。

讲不要离开具体环境条件评判事物,我先从重男轻女现象讲起。而讲重男轻女现象,我又先从养花说起。这样迂回一圈,感觉效果反而好。

假设你家里有两盆花,一盆名贵,一盆普通,然而家里的水只够浇一盆,请问:你会优先浇哪一盆呢?你一定会优先浇名贵的那一盆。

那我告诉你：在古代，男孩子天然就是那盆名贵的花。

这样讲，所有女生都会激烈反应："啊，反对！"甚至一部分男生也反对。但最终，他们都改变既有认识，认同我的分析。这样讲，就能放大思想冲击的效果，也能活跃课堂气氛。

2021年，我给学生做了一场"看懂未来的人才会拥有未来"的讲座。讲座的主题是，在移动互联网和智能机器人时代，财富的逻辑变了，绝大多数人将从产品生产转向流量生产，同学们要看懂其中逻辑，提前做好准备。

设想，假如我直奔主题，那么无论我讲得多么精彩，毕竟讲未来，不直观，就很难说服人。

怎么办呢？我先讲过去二三十年，由于世界变得陡峭，有人看懂了这种趋势，在沿海城市、内地大城市买房子，有人没有看懂这种趋势，在内地二三线城市买房子，二者产生了财富上的巨大差异。这是已经发生的，看得见，容易让人信服。讲完这个故事，然后再讲我要讲的。

再如，给学生讲资本市场"趋势为王，涨要涨够，跌要跌透，涨跌都将超过人们的想象"时，可以直接利用沉没成本不是成本的道理，进行成本收益分析，但是直观性不够。

我讲这个问题的时候，就会先讲一个盖房子的例子。

盖一栋四层楼的房子，预计投入400万元，建成后能卖500万元，赚100万元。假设建前面两层花了300万元（因为打地基，花费多一些），本来预计100万元能建好后面两层，但是刚建好前面两层的时候，风云突变，市场利率提高了，100万元已经无法建完后面两层了，现在需要250万元才能建好，那么，要不要继续建完呢？

要继续建完。因为历史成本不是成本，已经花出去了的钱不再有选择性，不需要再考虑它了（当然，已建的两层楼可以变卖一些钱回来，但为了简单起见，不妨假设其价值为零），现在建完房子需要投入250万元，而建完后能卖500万元，100%的利润率，当然要建完了。虽然整盘生意亏了50万元，但是事后看，还是要坚持把楼建完，否则亏得更多。

做股票和盖房子的道理一样。即便做多一只股票整体是亏损的，但是一旦集中了筹码，形成上升趋势，那么继续拉升就是一个低成本、高收益的事情；即便做空一只股票整体是亏损的，但是一旦卸掉了筹码，形成下降趋势，那么继续砸盘就是一个低成本、高收益的事情。因此，在股市等资产市场上，趋势为王，涨就一定要涨够，跌也一定会跌透，涨跌都将超过人们的想象。

从中我们还可以得出结论：筹码是影响股价的重要因素，资产市场存在明显的时空转换规律。首先，牛市和熊市之间有一定的时间间隔，各自都会持续一定的时间，不会快速转换，并且必定有一定的涨跌空间；其次，上一轮的大牛股，在新一轮的上涨中，再次成为大牛股的概率就小了很多。没有人猛踩油门，然后猛踩刹车，再猛踩油门，又再猛踩刹车，如此反复。

股票市场无形，房子有形，我觉得通过分析前者来理解后者会增强直观性。

小时候家里人迷恋中医，记得中药要加什么药引子。我不知道药引子的作用到底是什么，是否也像我讲课一样，先讲一个性质相似，但更直观、更有趣的例子引导一下呢？

例子要精挑细选

好的例子胜过千言万语的说教。好例子是取得好教学效果的必要条件。

有无数说明利己和利他相统一的经典例子,然而齐亮老师是这样讲的:

虽然我们每个人都在追求私利,但我们在追求自身利益的过程中,也帮助了他人。一个人在市场中追求自己的利益,就是在帮助他人。例如,早餐店老板每天早上四点多就起来做早餐,他只是为了赚钱,但他在赚钱的过程中也让同学们吃到了早餐。而你去买早餐,只是为了填饱肚子,但你在买早餐的过程中也让老板赚到了钱。你和早餐店老板明明都只是在追求自己的利益,但实现了互帮互助、互利共赢。市场经济就是这样一种人人为我、我为人人的机制。

这个例子好在哪里呢?好在贴近学生生活,上课时可以问同学们:你们早上去买早餐是为了让老板赚钱吗?老板起早卖早餐是为了让你们填饱肚子吗?最终的结果是什么呢?这样就可以让学生参与到讲课过程中来,而不是被动地听。

我则喜欢用水果来举例。水果长着厚厚的果肉，是因为利他吗？你不长着厚厚的果肉，谁帮你传递果实？所以，利他才是最有效的利己手段。通过这个例子，聪明的同学甚至可以悟出利己和利他相统一的条件是自愿没有强制，学术一点的说法就是普遍保护产权。

在讲利己假设的时候，俞炜华教授用的在农贸市场买鸡蛋的例子就很好。人们在农贸市场上买鸡蛋时，总是喜欢挑个大的。这说明人是利己的。当然，并不是每一个人都去挑个大的，你也可以观察到有一些人专门挑个小的，一打听，原来人家是卖茶叶蛋的。所以，人还是利己的。

这个例子非常生活化。他讲到也有人专挑个小的，以为有例外了，突然点出这个人是卖茶叶蛋的，还是利己，有出人意料、令人会心一笑的效果。

我的看法是，在讲成本概念的时候，一定要让同学们计算读大学的成本。学费是读大学的成本，因为假如不读大学，就可以拿它去旅游、买包包，而交了学费，那么就放弃了去旅游、买包包的机会。吃饭、穿衣的生活费是不是读大学的成本呢？不是。因为即便不读大学，照样要吃饭、穿衣，并没有因为读大学而放弃什么。那么，读大学的成本只是学费吗？不是，因为假如不读大学，就可以去打工，因此放弃的打工收入也是读大学的成本。

之所以一定要举这个例子，是因为这个例子能全面讲清成本概念：因此而放弃的才是成本，没有因此而放弃什么就不是成本，尽管吃饭、穿衣要花钱，但这些花费不是读大学的成本。这个例子贴近学生生活，同学们容易理解。

对教学的评价有很多维度，但在我看来，讲成本概念的时候不举这个例子，那就一定是失败的。设想：假如教科书上有这样一个例子，那么塔洛克、波斯纳等人还会讲"为了保有垄断地位和垄断利润，会发生一些非生产性支出，因此部分垄断利润要算作垄断的社会成本"这样的话吗？既然在分析完全竞争的时候没有考虑界定和保护产权的费用，那么在分析垄断的时候，发生的界定和保护产权的费用就不应该算作垄断的社会成本，对不对？

任何人讲经济学，都要教学生分清价值判断和实证分析，前者回答"好不好""应不应该"，后者回答"是什么""为什么"。那么，选什么例子来讲好呢？

我觉得，一定要选择分析一个人人都认为不对、不合理的现象来讲。我选择分析"重男轻女"现象来讲。在古代，经济不发达、医疗技术落后，如果不重男轻女，那么基因延续、家族传承就会出问题；而到了现代，经济发达了，医疗条件好了，人们自然就不重男轻女了。

通过这个例子的分析，自然就明白，"重男轻女好不好、应不应该"和"为什么会有重男轻女，为什么过去重男轻女而现在不了"，是两个根本不同的问题。

有老师不愿讲这样的话题，怕引起部分学生反感。其实是我们没有让学生明白自己是在做价值判断还是在做实证分析。我讲的是，在古代经济不发达、医疗技术落后的条件下，不得不重男轻女，就没有学生认为我是支持重男轻女的。相反，通过我的实证分析，找到了重男轻女的根源，才真正找到消除重男轻女的手段，他们反而认为我是真正反对重男轻女的。

众所周知，尽管有帕累托效率标准，但实际上主流经济学把效率处理成社会福利函数实现了最大值。数学上，一阶导数等于零是函数实现最大值的必要条件，经济学上就等价于某个边际等式成立。张五常用自助餐做例子，说明边际等式不成立不一定无效率，就非常经典。

顾客去吃自助餐，一定会吃到最后一口食物的收益等于零为止，然而生产最后一口食物的成本大于零。就是说，这种情况下边际收益小于边际成本。如果按照边际等式成立才有效率的标准，那么这时候就存在浪费，就有无效率发生了。

可是，假如你去问老板：为什么不想法避免顾客多吃呢？老板会回答你：因为这样的话，就得雇佣工人拿着大勺子在那里度量食物，而这是有成本的。自助餐虽然让顾客多吃了一点，让边际收益不等于边际成本，但是它节约了接待顾客以及度量每个人所消费食物的成本，这些节约下来的成本大于所谓的浪费，因而边际等式不成立，让顾客多吃恰恰是有效率的。

这个例子通俗易懂，一招毙命，凡讲这个问题，都会用这个例子。

好例子要生活化，人人能懂；要有思想冲击力，能对人们的既有认识形成强大冲击；最好，还要有趣。好例子是可遇而不可求的，因此我们平时就要细心收集各种例子。如果我们做到对于每一个概念、原理，都有一两个好的例子来支撑，那么课堂效果一定会有很大的改善。

慎用假想的例子

有无数学历、智商都很高的经济学家，其经济学却存在重大瑕疵。为什么会这样呢？一个很重要的原因，是他们喜欢使用假想的例子。

有位知名的经济学家用下面这个例子说明并非涨价都合理。

飓风袭击了你所在的小镇。你的孩子有病，你需要电来冷藏他的胰岛素，然而停电了。你非常绝望，但也许还算走运，我有台小型发电机愿意卖给你。你手里有800元，刚好是我这部发电机平常的价格，唯一的问题是，现在我是垄断者，我不愿以800元的价格卖给你，我想卖1300元。

有可能，我不只是要1300元，我会要13000元。因为救子心切，你愿意付这个钱。

再假设，飓风破坏了你的所有家产，付完这13000元，你就倾家荡产了。那么，这个价格符合公正的社会伦理道德吗？经济学家还能轻松地说，交易价格是一个均衡价格水平吗？

根据这个例子，你很容易就陷入交易价格未必公正合理的陷阱。但问题是，这个假想的情况在真实世界不会发生。用一个不会发生的假想例子，去否定真实世界存在着的市场交易，难免误人误己，得出错误的结论。

卖家都想赚钱，但得成交才行啊！他也许真的有漫天要价的机会，但也得考虑对方能不能负担得起。就是说，他要受需求曲线的约束。光要高价有什么用？必须买方接受这个价格，交易才能达成，卖方才能从中赚钱。就算是劫匪，他也是以拿钱为目的，而不是为了撕票，光想着要高价有什么用呢？

在真实世界，发电机的主人会根据情况来定价。如果对方确实买不起，可以考虑出租发电机，或者按照电的具体使用量来收费。假设对方连租金都无法支付，只要诚实守信，对方事后再付款也完全没有问题。这就是跨期交易的问题。另外，邻居也许可以借钱给急需用电的人购买发电机或者买电，还可以做担保。这就是金融问题。

在真实世界，还要考虑潜在的竞争对手。如果我要价高了，那么你就可能不在家注射胰岛素，而选择去附近的医院注射。附近没有医院，打车去远一点的医院也划算。

在真实世界，还要考虑长期的动态效果。这次我趁火打劫赚了，名声传出去后，今后谁还跟我合作，我怎么赚钱？所以我们经常看到的是，在遇到困难时人们互相帮助的情景。

一个交易之所以能够成交，一定是因为对双方都有好处。如果不是这样，当初就不会成交。既然双方都是自愿的，那么即便价格高,双方当事人也一定都受益、都是划算的。

有一位教授为了证明"风能进,雨能进,国王不能进"并不总是正确,举了这样一个例子。假如有个人到美国去买土地,他在美国的最北面到最南面买下宽度一寸的土地,这样他就能把美国一分为二了。如果我们奉行"风能进,雨能进,国王不能进"的原则,他就能把美国东西两侧所有的交通都给阻断了,那是非常可怕的事情,也是非常不合理的事情。

但这根本就是不可能发生的事情。用这样的假想之例,同样不可能让人看清事物的真相。

涨价是否真的并非都合理,"风能进,雨能进,国王不能进"是否真的有不成立的时候,这里不做讨论。但是不能以假想的例子来论证,必须找真实的案例,并且要弄清真实的约束条件,弄懂为什么会发生这样的情况以及不这样做结果会变好还是会变得更差,在此基础上再讨论。

有时,为了追求简明、形象、生动,经济学家们也会使用假想的例子。

假如有人发现一个山洞,山洞既可以用来窖藏地瓜,也可以用来窖藏金银,那么山洞最终会被用作什么用途呢?科斯说,只要山洞的产权是清晰的,那么就一定会被用在最高价值的用途上。

假设窖藏金银能够创造更高的价值,而山洞归农民所有,那么银行家一定会向农民租用山洞。农民一看,窖藏地瓜的收益还不如银行家给的租金多,自然就会把山洞租给银行家。反过来，假设窖藏地瓜能够创造更高的价值，而山洞归银行家所有，那么农民一定会向银行家租用山洞。银行家一看，窖藏金银的收益还不如农民给的租金多，又会把山洞租给农民。结论是什么？只要产权是清晰的，那么不管归谁所有，山洞都会被用在最高价值的用途上。

科斯的这个例子也是假想的。但是，这个例子不是用来说明某个现象和行为的合理性，仅仅是说明一种逻辑推理。

有时，为了更好地看清问题的本质，我们喜欢把问题推到极致。

例如，为了说明为什么出口商品的品质普遍好于内销商品，不妨把运费设置得超乎寻常的高。假设国内普通苹果的价格为1元，优质苹果的价格为2元，即吃一个优质苹果，付出的代价是2个普通苹果。假设运费是10000元。于是在国外，普通苹果的价格是10001元，优质苹果的价格是10002元。这时你会发现，吃一个优质苹果，付出的代价只是1.00009个普通苹果。把普通苹果和优质苹果运到国外后，价格几乎是一样的，那么请问：作为消费者，你会选择吃普通苹果呢，还是选择吃优质苹果？商家把普通苹果运到国外卖得出去吗？

推到极致，其实也是假想。但这种假想也只是用来说明一个逻辑推理，并不涉及具体现象和行为的合理性。

逻辑简单，而影响现象和行为的因素众多，难免会有遗漏，因此在说明逻辑推理的时候可以用假想的例子，但在分析具体现象、行为的合理性的时候，就切忌使用了。

用身边事例讲经济学

要想课堂效果好,一定要善于就近取材,利用同学们身边的事例来讲经济学。身边的事例同学们能感知到,直观,因此容易理解。

即便要讲一个远一点的例子,也可以先分析一个近的、同学们能直观感受的类似例子,然后再讲要讲的内容。

设想,你要给学生讲述网约车对出租车市场的影响,可是同学们事先未必了解出租车市场的运作模式。他会分心去理解牌照是什么,为什么要搞牌照,这就分散了听你讲课逻辑的精力,势必会影响听课的效果。那怎么办呢?你就可以先分析一个同学们熟悉的类似例子。

学校门口的水果店生意特别好,是不是卖水果的商人就挣了大钱呢?

许多人的第一反应是这家水果店赚了很多钱,但实际上不是这样的。

假设这里的水果商比其他地方的水果商挣得多,那么其他地方的水果商就会来争夺这里的商铺,这会使得该地段的房租上涨，直到这里的水果商和其他地方的水果商挣得一样多才会停止。最终，商人在该地段经商能赚到的收益与在其他地段赚到的收益持平，而房东拿到了好地段的全部好处。

当然，如果这里的生意不好了，挣得不如其他地方多，那么商人们就会减租，甚至退租到其他地方去。结果是，商人在该地段经商能赚到的收益还是与在其他地段赚到的收益持平，而房东承担全部损失。

有了这个铺垫，就可以讲网约车的影响了。当网约车出现后，短期内，出租车司机的收入会减少，一些出租车司机就会退出该行业，出租车的供给就会减少。从稍长一段时间看，出租车司机的收入又会恢复。因此，只要替代性职业的收入没有变，那么网约车就不会影响出租车司机的收入，出租车司机与大货车司机或者从事非司机工作的人的收入是一样的。

那么，谁是网约车的"受损者"呢？答案是：出租车牌照的拥有者。

当遇到不利的情况，流动性高的资产会逃离，损失主要由流动性差的资产承担。网约车出现后，部分出租车司机会退出该行业。从长期看，出租车司机并没有损失，但开出租车的人少了，出租车公司的收益会减少，出租车牌照的价值会下降。而当遇到有利的情况，流动性高的资产会蜂拥而至，但竞争之下最终它们只得到行业的平均利润，好处归流动性差的资产所有。

不要小看了这样的生活事例。事例虽小，道理却大。我们甚至可以用它推断房价变化，制订投资策略。我们可以推断：一个国家、地区，经济增长的好处将主要由不动产所有者收获，经济衰退的代价也主要由不动产所有者承担。改革开放初期，你就去深圳打工，然而一直没有买房，那么大概率你仍然是穷人。但假如你当初买了房，那么基本上你是一位富人。而如果你在玉门、鹤岗买了房子，那就只有一种结果：很惨。你看，发达地区和欠发达地区的价格差别主要体现在房地产价格上，而不是在工资上。所以，经济增长中投资不动产，经济衰退时远离不动产。

以小见大，通过小故事讲出大道理，这应该是我们"生活中的经济学"这门课程的目标。而如果能够引导同学们根据自身经验推导出背后的经济学原理，那就再好不过了。我曾引导同学们根据自身经验推导出恩格尔定律，我觉得就非常经典。因为多次讲过，这里就不赘述了。

两百年来，人们对外部性概念的认识基本上是错误的（详见《麻辣烫经济学：经济学通识二十一讲》），可见这个问题不简单。但如果能用同学们的切身经历来讲，就容易讲明白。

一般来说，大学生都是几个人住一个宿舍，彼此干扰是难免的。这是典型的外部性。上课的时候，就可以让同学们讨论：你们都用了什么办法来避免或者减少相互干扰？

注意，不是理性设计如何解决相互干扰的问题，而是让他们总结已经存在的解决办法。

在老师的引导下，同学们一定会找到很多答案，诸如：

约法三章（谈判解）；晚上你困我也困，大家差不多都困了，就不说话、睡觉了（边际内有外部性，边际上没有）；辅导员干预（政府解）；年轻人睡眠好，不容易受彼此的干扰（上帝解）……

还可以让同学们思考：完全避免外部性，做得到不？好不好？我相信，答案也不难给出。

可以问：姑娘打扮漂亮具有正外部性，那么，她会因为没有补偿就不把自己打扮得最漂亮吗？

当然不会。尽管有外部性，她仍然会把自己打扮得最漂亮，私人的最优选择正好是社会的最优选择，根本没有传统分析所说的正外部性情况下必定资源配置不足的问题。

你看，通过几个生活事例，就讲出了超越传统教科书的东西。至少，同学们理解了：外部性的广泛性及其解决办法的多样性，并且，绝不是有外部性就意味着资源配置不足或者过度。

我们要尽量多用身边事例来讲经济学，特别是引导同学们根据自身经验总结出背后的经济学原理。这不只是因为这样做学生容易理解，更重要的是，以小见大，容易看清事物本质。

婚恋是讲课的好题材

婚恋问题,大学生都比较感兴趣,因此讲课的时候,要尽可能用婚恋问题来举例。

例如,讲成本、选择的时候,就可以以婚恋选择为例,从中还可以穿插传统诗文。

选择了学者的博学,就放弃了商人的富有;选择了商人的富有,就放弃了普通人的朝夕相守。白居易的诗里就讲:"商人重利轻离别,前月浮梁买茶去。去来江口守空船……"

那么,选择做官员,是不是就没有放弃呢?也有。李商隐诗云:"为有云屏无限娇,凤城寒尽怕春宵。无端嫁得金龟婿,辜负香衾事早朝。"王昌龄的诗也写道:"闺中少妇不知愁,春日凝妆上翠楼。忽见陌头杨柳色,悔教夫婿觅封侯。"

又如,讲信号显示的时候,就可以以彩礼为例。

因为女性要怀孕生孩子,而人类不仅怀胎时间长,养育时间也不短,一旦怀孕,女性不但没有能力养活孩子,甚至自己的生存都成问题。而男性因为不需要怀孕,恋爱成本低,天生有"花心"的倾向。因此,作为女性,必须认真甄别男人是不是真心爱自己，有没有能力养活自己和孩子。

彩礼就具有信号显示的作用。言论没有成本，是否真爱，只有男生自己知道，但是行为却有代价，送上彩礼，那就证明是真爱自己。

彩礼也是养家能力的显示。能拿得出高额彩礼的，说明家境殷实，养活自己和孩子的能力强。

在这个意义上，彩礼是收入差距的一种度量。一个社会，假如收入差距小，那么彩礼就会少；而如果收入差距大，那么彩礼就会多。

当然，在城市里，由于有房子、学历、职称等其他信号显示手段，彩礼的重要性下降了。

讲沉没成本的时候，就可以劝失恋的同学们：女同学不要老是强调以前追求自己的小伙子有多帅，对自己多体贴，而现在"一代不如一代"，要知道，随着年龄增大，价值贬损，逝者不可追，不要错过新的机会。男同学则不要有999朵玫瑰白买了的想法，因为沉没成本不是成本，和不适合的人发展感情，才是最大的损失。

讲风险规避的时候可以讲，戏曲、小说里财主家小姐爱上赴京赶考的穷书生，并终成眷属的故事，多半是瞎编的。皇榜高中的收益虽然高，但是落榜的概率更大，风险实在太高。因此，宋朝就有榜下择婿的传统，根本就不是在考前定终身。同样，男同学在考上大学之前，爸妈是不会同意女儿跟他谈恋爱的，因为风险太高。

为什么都是女嫁男呢？是为了传宗接代？不对，普遍采用男"嫁"女，小孩继承女姓，效果和女嫁男一样。那么，是因为在传统农业社会，男性劳动价值高，不愿意外嫁吗？同样不对，男女 1:1 的比例，无论哪种方式，家里男女数量不变。再说了，还可以通过彩礼补差价。

真实的原因是，相对来说，不管男人、女人，对于养育自己长大的家庭感情都更深，由于男人体力好，活动范围大，假如男"嫁"女，那么防止其逃跑的成本就高；而女人体力差，又有孩子缠身，根本走不远，不容易逃跑，选择女嫁男，家庭相对来说更稳定。因此，尽管在古代人们缺少流动和信息交流，全世界却不约而同都选择了女嫁男的模式。

分工提高效率，这在家庭里也不例外。但是，专业做家务的人因为不能积累人力资本，会处于不利的地位。怎么办呢？法律规定婚内财产各半。这其实是促进家庭内分工的一种手段。如果觉得这样还不够，那么还可以约定离婚后若干年一方给另一方一定补偿。经济学家卢卡斯的太太和他签订协议，如果卢卡斯在 1995 年前获得了诺贝尔经济学奖，那么奖金就要给她分一半。果然，卢卡斯在 1995 年荣获诺贝尔奖，而他太太如愿以偿地得到了一半奖金。

为了劝同学们在大学里要好好学习，可以拿不同人的配偶年龄来做例子。

据潘绥铭教授 1999 年的调查，最富有的男人，妻子不但漂亮，还比自己小 12~14 岁；

中等收入的男人，妻子只比自己小 3~7 岁；低收入的男人，妻子和自己同龄，甚至比自己大。

美国人口普查局 1980 年的报告也显示，在 45~54 岁男性人口中，结婚年龄低于 20 岁，35% 的人年均收入低于 1 万美元；结婚年龄为 21~29 岁，只有 17.5% 的人年均收入低于 1 万美元。

为什么男人认为有小蛮腰的女人漂亮？为什么男人无论多少岁，总喜欢年轻漂亮的女生？男生和女生谁更容易出轨？男生和女生谁更能容忍出轨？还有很多很多婚恋话题，用它们做例子，至少同学们是喜欢听的。

想办法让同学参与进来

在教学中,假如学生主动回答问题,参与到教学过程中,那么这个课就好讲多了。反之,只有老师讲,没有学生配合,讲起来就会很无趣。

据说,阿尔钦的学生觉得自己的老师厉害,就把儿子送到老师那里去读书。有一年,儿子拿考试题跟老爹探讨,他发现考题跟老师当年考自己的一模一样,于是就去找阿尔钦:"老师啊,您就没有题考吗,怎么考我儿子的和当年考我的一模一样呢?"猜猜阿尔钦怎么说?他说:"题一样,答案不一样啊!"张五常也讲,要有不同答案的问题才是好问题。

据说,在美国,哪怕学生说一加一等于三,只要能讲出道理,也会受到老师的鼓励。

我们的学生习惯于标准答案了,这使得学生因为担心答错而不敢回答问题。

因此,作为老师,首先要让学生放下怕答错问题的包袱。

另外,作为教师,我们自身也要更加开放与包容,学会问一些没有标准答案的问题。

学生不愿回答问题，更大的可能是，问题难，同学们不知道答案。

这就要求我们课前要认真分析，做好预判，哪些问题学生能回答，哪些不能回答。讲课的时候，对于学生不能回答的问题，要自问自答，及时给出答案，或者讲一句"这个问题你们还回答不了，回答不了很正常"，然后给出答案。而对于学生能够回答的问题，那就要逼他们回答，不回答不讲课，养成上课回答问题的习惯。

懂，学生才会参与。不懂，他们怎么参与呢？问题的关键在于我们怎么把要讲的东西用一个人人都能听得懂的方式讲出来。科斯说，经济学能够告诉我们的只是一些基本道理。我相信，所有的经济学知识，都是可以用人人都能懂的方式讲出来的。这需要我们花大功夫去研究。

一定要事先做好设计。比如，我讲成本概念的时候，就设计了这样一个细节：我指定一位男同学、一位女同学，假设他们在谈恋爱，然后让男同学计算"你跟她谈恋爱的成本"和"你谈恋爱的成本"，这时，课堂气氛就会活跃，不只是被指定的两位同学会参与，很多同学也会以起哄的方式参与。

"价格与成本"一节，相对抽象难懂，我就要求同学给父母讲，如果给父母讲明白了，就给他们的平时成绩加20分。延伸下来，后面一节课也找到了恰当的讲授方式。可以电话抽查父母，可以抓阄让一名男同学、一名女同学表演父母，另一同学表演儿子或女儿，现场表演。

这一招非常有用（也许因为不常用）。有个同学从来都坐在最后一排，不认真听课，可是这节课，这个同学居然认真听完了。而且第二次上课，他居然坐到前面来了。

注意，要求学生给父母讲的内容，一定要反直觉。千万不要让父母们觉得，不学经济学也懂。必须让他们知道：假如不学经济学，哪怕是身边习以为常的事情，他们的理解也是错误的。

一首诗，要有一两句金句。一节课，也要有那么一两句金句。这样的句子，要事先用特殊的字体、颜色写在 PPT 上，上课的时候可以让同学们齐声朗读一遍，对于活跃课堂气氛也有效果。

让学生参与进来的办法很多，老师们可以各显神通。但是，一定要高度重视这个问题，一定要在课前就有设计，不能完全即兴发挥。完全靠即兴发挥，相信绝大多数老师都做不好。

潜心研究学生心理，增加时代元素

要想把课讲好，必须下功夫研究到底什么最能激起学生的兴趣。

男女话题，几乎所有人都感兴趣，同学们当然也不例外。

为什么女孩矜持？是什么使女孩具有这一性格的？条件变了，她们的这一性格又会怎么演变？为什么男才女貌、男大女小？谁更容易一见钟情？这些话题同学们都很感兴趣。上课的时候，反正都要举例，为什么不举这样的例子呢？

例如，讲边际效用递减的时候，就可以这样讲：你看刚谈恋爱时两人大夏天还抱得紧紧的，也不怕出汗，结婚后还那样腻在一起不？结婚久了，连手都懒得拉了。这就是边际效用递减。

又如，讲管制的时候，可不可以用"假如学校禁止学生谈恋爱，会出现什么后果"做例子？我相信，这样的例子更容易引起同学们的思考和讨论。更重要的是，同学们自己就能给出答案。

要提醒的是，涉及男女的话题，存在冒犯女权主义者的风险，所以事先一定要让学生理解，你做的是实证分析，不是价值判断。就是说，你讲的只涉及为什么会有这样的现象和行为，不涉及这样的现象和行为好还是不好、对还是不对。有时，男老师可以亮明态度：我一个大男人，不喜欢女孩儿，我有那么变态吗？女老师则可以讲：我就是女人，能不代表女人的利益、为女人说话吗？这样就可以避免不必要的麻烦。

写书的时候必须追求雅，但是讲课的时候不妨带点俗。俗不是庸俗的意思。我觉得俗是接地气的意思。今天已经不是精英教育时代，而是大众教育时代，过分追求雅必然损害教学效果。如果想不明白其中的道理，就想想音乐、相声、小品，哪个不是这样？

例如，讲垄断的时候，为了说明垄断并不消除竞争，只是改变竞争的方式——不是在一个给定的市场上进行残酷的价格竞争，而是竞争如何进入市场——就可以这样讲：皇帝是不是垄断？皇帝独一无二，当然是垄断，但你们知道有多少人想当皇帝吗？陈胜、吴广振臂高呼：王侯将相，宁有种乎？这不是竞争是什么？你们说，谢老师想不想当皇帝？当然想当！大家想想，像谢老师这样长得尖嘴猴腮的都想当皇帝，竞争能不激烈吗？假如是女老师，该怎么讲呢？有什么更加吸引人的好例子呢？

以我几十年的教学经历，这样讲效果是好的，并没有引起学生的反感。

讲人的行为由背后的约束条件支配，写教科书只能用"为什么焦大不会追求林妹妹"做例子，但是讲课的时候，就可以换成"谢老师为什么没有追求漂亮的女演员"，这样做效果一定会好很多，因为可以加一句"你们千万不要以为谢老师不喜欢那些漂亮的女演员。告诉大家，我做梦都想。我没有追求，是因为条件不允许、够不着……"

这就涉及我一贯强调的尽量用第一人称讲课。不用第一人称，就没有办法这样讲。相声里经常通过自贬来取乐观众，讲课的时候也可以借用，这也要求尽可能用第一人称讲课。

老教师一般都会使用第一人称讲课。年轻老师，由于属于自己的东西不多，不够自信，讲课的时候，喜欢一五一十地讲谁谁谁的观点。其实，除了众所周知的，没必要强调谁谁谁的，毕竟我们讲的是经济学本身，而不是经济思想史。

至于加入时代元素，对"00后"而言，改成他们熟悉的明星，效果会更好。

写书要选择能成为经典的例子，讲课完全可以选择用最热的问题做例子。

讲分工，历来都用亚当·斯密的制针的例子，但现在美国卡我们的芯片脖子是热点问题，那我们能不能马上用芯片来做例子？

足球比赛刚刚结束，正好又在讲激励问题，那我们可不可以用它做例子呢？

同样是举国体制，为什么女足能拿冠，男足表现却那么差呢？我们可以从激励机制去分析：女足平时收入低，必须拼命踢球拿到冠军,才能提高收入;男足呢,不努力就能拿高收入,自然没必要努力了。当然,深入下去会涉及市场开放和竞争等问题,存在批判现实的可能。但我们可以就此打住,而讲:都是因为爱男足心切,却不懂经济学的激励理论;假如激励机制设计得好,男足本来是可以取得好成绩的。这不就变成爱心满满的正能量了吗?还可以成为经济学课程重要性的最好宣讲!

第四章

实战篇：案例展示

导论得那样写，课不必那样讲

在大学毕业之前，课堂上我从来没有开过小差。每当老师讲某某同学开小差了，我就纳闷：啥叫开小差呢？然而大学毕业后再听课，假如三分钟内吸引不了我，我就走神了，拉都拉不回来。我终于明白，听不进课的同学，并不是他真的不想听，而是他控制不了自己。可见，老师讲授的内容和方式有吸引力是多么重要。

作为导论课，就要能激起学生强烈的兴趣。第五章谈学习方法的时候，我会讲文章常常是"倒着"写出来的。其实写书也一样。写书的时候，必须遵循一定的体例。例如，总要先讲讲经济学是什么、有什么方法特征，等等。但这样讲，很难保证前三分钟就有趣、吸引人。而讲课完全可以打破这样的体例。我倾向于这样安排导论课。

开场白之后，就直接讲"重男轻女是歧视妇女吗"。这个问题怎么讲，我在前面已经讨论过，《麻辣烫经济学：经济学通识二十一讲》里也写得很详细，此处不再赘述。当然，也可以选择讲其他的题材，比如"父母之命，媒妁之言""为何女嫁男""裹脚""三从四德"等。它们的相同点是,话题能让同学们感兴趣,结果要颠覆同学们的既有认识,并且人人都能听得懂。

在这个例子中,必须要让学生理解什么是实证分析、什么是价值判断,并告诉他们:我们的经济学只做实证分析,不然容易引起学生的误解,以为老师赞成这样的现象。况且,懂得实证分析和价值判断的区别十分重要,因为它是任何人讨论任何社会问题的基本前提。

接着讲房价跟地价有没有关系。先让同学们给出自己的答案。基本上他们的答案是错的,但要让他们回答。然后再问:在西湖边,白送你一块地,你盖了房子,可能便宜卖给我吗?反之,用一亿元一平方米买了地,盖了房子,你可能一亿元一平方米卖给我吗?当然不可能。像这样的问题,同学们凭直觉都能回答,并且还能回答正确,一定要逼他们回答。中国大学生总体上都不爱回答问题,我们必须在一开始就让他们养成课堂上回答问题的习惯。

结论是什么?无论土地是白来的,还是一亿元一平方米高价买来的,房子该卖多少还卖多少。说明什么?说明房价跟地价没有关系!自己否定自己,他们就会留下深刻印象。

切记,不要深入分析背后的逻辑。这不是导论课的职能,而且导论课也完成不了这样的任务。

在一般人的心目中,即便高地价不是高房价的原因,至少房价和地价应该是正相关的关系。这个时候,要立即讲一个要素价格和产品价格反相关的例子。

直觉上，饲料价格和猪肉价格之间应该是正相关的关系：饲料价格高，猪肉价格也高；饲料价格低，猪肉价格也低。但实际上，饲料价格和猪肉价格之间是反相关的关系。猪肉价格高，说明猪少；猪少，对饲料的需求就少，饲料价格就低。猪肉价格低，说明猪多；猪多，对饲料的需求就多，饲料价格就高。因此，饲料价格和猪肉价格反向相关。

饲料价格高，猪肉价格就一定低吗？例如，中美发生贸易摩擦，中国减少进口美国的玉米、大豆，导致饲料价格高，这时候还能得出猪肉价格低的结论吗？那么，什么条件下"饲料价格高，猪肉价格低；饲料价格低，猪肉价格高"这个反向关系成立？注意，提出问题就行了，不要深入回答。告诉同学们，只要认真学习，将来都会清清楚楚、明明白白。

接下来，讲灾害发生后要不要打击"奸商"涨价的问题。这部分最好用一个真实的例子来讲。我喜欢用宋朝赵抃救灾的例子。讲这个例子，要点一定要讲清楚：表面上，米价贵，灾民们出不起价、买不起米，所以才饿死人；实际上，米价为什么贵？因为米少。所以米少才是根源。要推到极致来彰显其中的道理：只有1斤大米，全世界人吃，就是不要钱白吃，会不会饿死人？因此，解决问题的根本办法是增加大米供给。如何增加大米供给呢？这就引出了涨价增加供给的结论。

要提炼并醒目地表达出：涨价是增加供给的有效手段，允许涨价才是降价的有效手段。最好让学生齐声朗读一遍。通过这个例子的分析，要让同学们懂得："奸商"没有能力哄抬物价，否则他们没有必要等到灾害发生后才涨价，是灾害导致的供给减少提高了价格；涨价其实是市场在鼓励生产，"奸商"也是救灾的功臣。

我喜欢讲的第四个例子是恩格尔定律。选讲这个例子的原因是方便同学们参与，而且也容易体现经济学的用途。

问女生：过去爸妈给你的零花钱多，你买高档化妆品，比如雅诗兰黛。现在，经济下滑，爸妈的收入下降，给你的零花钱也少了。你有两种选择：一是不买化妆品了，素面朝天去见男朋友；二是买低档一点的化妆品，比如大宝。你会选择哪一个？一定要鼓励女同学都回答。我的经验是，99.99%的女生都会回答选择买低档一点的大宝。

注意，在讲这个例子的时候，不要省略化妆品的名字。讲出或者不讲出化妆品的名字，课堂氛围会有很大的不同。当然，有可能因为我是男老师，才有这种差异。我讲出化妆品的名字，他们就觉得好玩。这是非常细小的地方，但一堂课的效果，最终都是由这样的细节决定的。

不是收入下降，而是收入上升，不就是恩格尔定律了吗？恩格尔定律：随着收入提高，用于食品等必需品的支出比重会下降，用于教育、旅游等高端消费品的支出比重会上升。

顺着上述逻辑，可以回答，在经济下行趋势中，作为商家应该怎样备货，作为个人应该怎样选择股票。甚至，还可以用其分析宏观经济的走势，如高小勇老师利用其分析"9·11"

事件对中国经济的影响。对此，第二章第五节"把概念、原理用到极致"有过详细的讨论。

最后，还应该分析一个其他学科的问题。从效果上，也要得出和既有认识不一样的结论。这方面的题材很多。人们用经济学知识在历史学、社会学、法学、管理学等领域做了大量研究，这些都可以变成我们讲课的素材。我自己喜欢分析井田制，因为那是我的原创。讲这部分内容的目的，是要告诉同学们：经济学在其他领域有着广泛的应用。

讲完了上述例子，再倒回来对经济学做一个总结：经济学不只是研究经济问题，它是研究人的行为的科学，是一套看世界的视角和方法，人人都要学点经济学；经济学用简单的视角和方法看复杂的世界，能让我们透过现象看到事物的本质。总之，尽量把枯燥的东西放在最后讲。

一节课下来，同学们有三观重塑、耳目一新的感觉，那么我们的经济学导论课就成功了。

这样讲成本学生会喜欢吗

成本是经济学最基础、最核心的概念。怎么组织一堂成本课呢？

首先，设计一组课前问题是必要的元素：同样是理发，为啥美国比中国贵？我们听说过"小姐脾气"的说法，为什么没有"少妇脾气"的说法？收割完麦子后，地里会掉一些麦穗，却没有人捡，这是不是浪费、不珍惜粮食？人都喜新厌旧，为什么离婚的却不多呢？

为了产生意外的效果，可以告诉同学们：答对60%的可以不用听课了，答对50%的可以玩手机。很少有老师这样做，学生就会有新奇感，感到好玩。

接下来进入正式讲课。

我们可以从稀缺性开始娓娓道来：因为资源是稀缺的，用于做这件事了，就不能用于做其他事，因此我们必须做出选择……

也可以暴力地这样讲："前面讲过，经济学是研究人的行为的科学。人的行为，要从选择的角度看。你决定读大学，不要这样说，要说你选择读大学。你决定跟她谈恋爱，不要这样说，要说你选择跟她谈恋爱。农民决定在田里种稻子，不要这样说，要说农民选择在田里种稻子。"

从选择的角度看问题，于是就有了成本的概念。成本是放弃的代价。选择甲，就得放弃乙，放弃的乙就是选择甲的（机会）成本。

两种讲法，选哪一种呢？我觉得，如果是给不太喜欢学习的同学讲课，选后一种。

如果是经管类专业的学生，就还要进一步讲成本不只是放弃的代价，还得是放弃的最高代价，次高或者更低代价的变化不影响成本。但如果是给非经管类专业的学生讲，就不用讲得这么细。

接下来计算读大学的成本。学费算不算读大学的成本？吃饭穿衣等生活费算不算读大学的成本？还有没有别的成本？

举例子是为了巩固概念的学习，因此尽管问题简单，回答的时候也一定要回到成本的概念：假如不读大学，就不用交学费，就可以拿这笔钱去旅游、买包包，如果用来交学费，那么就放弃了这些机会，因此学费是读大学的成本。

在回答吃饭穿衣的费用是不是读大学的成本时，老师起个头"不读大学"，就要停下来等待学生回答。这个时候，一定有学生回答："照样要吃饭，照样要穿衣。"此刻，老师再接上："并没有因此而放弃什么，因此，吃饭穿衣等生活费不是读大学的成本。"

讲成本概念的时候一定要举这个例子。一是这个例子是同学们自身的事，他们的感受更直观。二是可以很好地说明，如果没有因此而放弃什么，那么即便有花费，这花费也不是成本。

讲完读大学的成本，还要讲一讲：男生给女朋友买的礼物是不是与这个女生谈恋爱的成本？礼物是不是他谈恋爱的成本？

讲这两个问题，最好指定一位女生、一位男生，假设他们在谈恋爱。这个时候考验老师的是，要有这个眼力，指定角色的这两位同学要能够引起同学们的共鸣。

男生给女朋友买的花、送的礼物，算不算他和女朋友谈恋爱的成本呢？要先让同学回答，然后再给出老师的答案："我的答案是具体情况具体分析。假如他不跟你谈恋爱，不用给你买花、送礼物，他还要跟别的女生谈，他照样要买花、要送礼物，那么他给你买的花、送的礼物，就不算他和你谈恋爱的成本；只有他不跟你谈恋爱后，从此就看破红尘，不再谈恋爱了，不需要给别人买花、送礼物了，那么他给你买的花、送的礼物，才是和你谈恋爱的成本。"

讲完了这部分，再问同学们：把"她"字去掉，男同学买的花、送的礼物是不是他谈恋爱的成本？同学们基本上都会回答"是"了。

至此，还要渲染一下课堂气氛，告诉女同学：假如你的男朋友告诉你，他给你买的礼物、送的花是和你谈恋爱的成本，你应该怎样回答？应该坚定地说：NO！

现在需要用一个例子来引出实际成本的概念了。你去理发，收费 30 元，成本只是 30 元吗？一定有同学会回答：还有时间成本。

讲这个例子，目的是引出实际成本的概念。实际成本＝货币成本＋非货币成本（常常是时间成本）。周末不用上班，时间价值下降，理发的成本也就下降了。因此，周末理发店的生意特别好。节假日旅游的人特别多，也是这个道理。

接下来要讲一个稍微宏大一点的话题，类似于电影中的远景。因为农药、除草剂等的普及，今天的农业生产率大幅提高了。按说，生产率提高，粮价应该下降，怎么粮价反而上涨了呢？

提出问题后，老师马上要说：这个问题有难度，估计同学们回答不了，回答不了也很正常。切记：这个问题有难度，不要让同学们答。

成本由替代选择决定。种粮的劳动成本不决定于流了多少汗水，也不决定于晒了多少太阳。种粮的劳动成本是由打工的收入决定的。同样种一天地，为什么过去只值 20 元，现在却值 200 元？因为现在打工每天能挣 200 元，假如不给我 200 元，我就不种地，打工去了。

同样是教书，过去每月 1000 元，现在每月 10000 元，也是因为其他行业发展了。

同样是理发，为什么美国贵，中国便宜？因为美国理发之外的其他行业发展得比我们好。

因此，工业发展有看头，粮价就必然要上升。

同学们，想明白怎么提高农民收入了吗？要通过发展工业来提高农民收入。要解决提高农民收入的问题，眼光不能只盯着农业，还要看农业之外的世界。这就是经济学看世界的方式。

你看，成本不只是一个概念，更是一种看世界的方式。

过去捡麦穗，现在还捡不捡？不捡了。那么，是人们不珍惜粮食、浪费吗？如果用捡麦穗的时间去做别的事情，能创造更大的价值，那么让麦穗烂在地里就不是不珍惜粮食、不是浪费。

当看到某个事物存在缺陷的时候，我们不能简单地说那就是无效率、不合理。要看有没有更好的选择，没有更好，就是最好。生活中，我们会说"没有最好，只有更好"，那是鼓励人们再接再厉，但经济学说"没有更好，就是最好"。这是经济学对于"最好"的定义。

这时，让女生齐声朗读"没有最好，只有更好"，并告诉男生，听见了吗，女同学要你们：永不满足，精益求精。然后再让男生齐声朗读"没有更好，就是最好"，并告诉女生，男同学的回答是：别看我不完美，还有缺点，但没有更好，我就是最好。

接下来，可以再讲几个很不符合今天价值取向的古代例子，比如媒妁之言等。告诉同学们：必须仔细考察，在当时的约束条件下有没有更好的选择，如果没有，那么尽管存在缺陷，也仍然是最好的。这时，再让男生女生齐声朗读：没有更好，就是最好。

做一个项目，赚了5元钱，真的就赚钱了吗？要看有没有更好的替代选择。假如还有一个项目，同样的投入，可以赚10元钱，那么前一个项目就亏了5元。在很多国家，军费都是一笔不小的支出。于是有人建议，为什么不采用兵役制，让适合年龄的年轻人义务参军呢？义务当兵真的能省钱吗？未必。假如实行雇佣兵制度，给军人发薪水，就能吸引适合参军的人来当兵，而那些更适合做其他工作的人就会投身到其他领域去，整个社会的财富会更多，因此给士兵发薪水比免费征兵还便宜。所有的事情都要从替代选择的角度看。后面只要讲清了历史成本不是成本，就可以用成本概念分析任何人的行为。人类的一切行为都可以用作我们讲课的例子，问题只在于：我们有没有能力挑选出学生感兴趣的例子并给出经济学的解释。

将有关价格的内容串起来讲

有关价格的内容分散在经济学课程之中，可以把它们串起来，做一个专题讲座。

讲价格，水与钻石的悖论是经典例子。水是维持生命的基础，没有水，生命就无法维持，然而水的价格却非常便宜。钻石对于人的生命来说几乎没什么用处，可是钻石却十分昂贵。这是为什么呢？

回答这个问题，需要引入边际效用的概念。边际指最后一单位，或者说增量。边际效用即最后一单位产品给人的满足程度。边际效用是递减的。可以从多个角度说明边际效用是递减的。

你饥肠辘辘，吃下第一个包子，然后认为它简直是世间最美的东西，第二个也觉得格外香，第三个就不如第二个香了，吃到第九个的时候，已经吃饱了，不想再吃了。这就是边际效用递减。只有一瓶水，你会用它来救命；第二瓶水，你会用来洗脸；第三瓶水，你会用来浇花。从物品在不同项目的用途看，边际效用同样是递减的。但仅仅这样说理，趣味性就差一点，可以用一些有趣的事例来展开说明。

初恋难忘就表明边际效用是递减的。网上有张老太太用"甜过初恋"做广告语卖柑橘的图片，看来老太太很懂经济学。这时夸张地讲讲自己，会有不错的效果。"七年之痒"反映的也是边际效用递减。从第一次牵手的羞涩，第一次接吻的紧张，到后来将爱情变成亲情。美国一个民间调查机构统计了三百多对夫妻的睡姿，得出的结论是：婚龄半年以内的夫妻，大多是面对面搂抱着睡；婚龄超过两年的，几乎百分之百是背对背睡。

还可以用反证法证明边际效用是递减的。设想边际效用不递减会怎样？你拥抱女朋友后，从此就不会分开；你去饭店吃饭，会一直吃到饭店打烊才出来……这样的事情从来没有发生过，所以边际效用是递减的。

价格是人们对于边际产品的评价，或者说是边际产品的价值。

这个评价是主观的。讲课时，最好每个概念都能用一个生活化的例子给予说明。比如，同样一个东西，有人买，有人卖，买者评价高，卖者评价低，就说明价值是主观的。

这时，可以抽一位同学，告诉他（她）：我知道你对某物品的边际评价，不仅如此，我还知道所有人对这一物品的边际评价。为了活跃氛围，还可以和这位同学赌一下。比如，我赢了，你们就送我一点掌声，我输了，就送他（她）一本书。

不同的人，对同一产品的边际评价怎么可能一样呢？你喜欢吃苹果，我喜欢吃梨，我俩怎么可能对苹果和梨的边际评价一样呢？马斯克是世界首富，你是一个不挣钱的学生，你和马斯克对于苹果的边际评价怎么可能一样呢？

要注意，这样的问题，初学者是回答不了的，所以老师自问自答就可以了。

答案是：如果个人的主观评价高于市场价格，那么就会买、买、买，直到对最后一单位苹果的评价等于市场价格才会停下来。即人们是通过调整数量来实现边际评价一样的，喜欢苹果的人就多吃苹果，在边际效用递减的作用下，最终喜欢吃苹果的人和不喜欢吃苹果的人对苹果的边际评价一样。所有人对苹果的边际评价都一样，等于苹果的市场价格。

虽然价值是主观的，但不同的人面对的是相同的市场价格，因此他们的边际评价是一样的。

价格低只是表明边际评价不高，不意味着对这个东西的整体评价不高。我俩面对相同的苹果价格，我俩对苹果的边际评价一样，但整体评价不一样。你更喜欢吃苹果，所以你多吃苹果，我更喜欢吃梨，于是我就多吃梨。

价格把人们的主观评价在边际上作了客观表达，这样就大大节约了交易费用。

当价格被人为干预后，所有人都会调整自己的行为，这会产生巨大的费用，所以不要管制价格。价格管制是很好的讲座话题，不过因为涉及的知识较多，可以不在这里讲。

价格是边际产品的价值，而边际和存量相联系，因此价格就成为稀缺性的一种度量。因为边际效用是递减的，因此价格低，东西就多；价格高，东西就少。钻石比水贵，只能说，钻石比水稀缺，钻石少，水太多。价格只反映物品的稀缺性，不反映物品的重要性，所谓物以稀为贵。论重要性，必需品一般比奢侈品重要，然而奢侈品贵，必需品便宜。空气、阳光重要不？但都是免费的。沙漠里，钻石贵还是水贵？假设水和钻石的数量一样多，哪个贵？

一位村妇拿起烧火棍三下五除二就画出一个精美的人物头像，可她还是一位村妇。某名人鬼画符的两个字，居然卖几百万元，合理不？其实，这恰恰是市场合理定价的例子。价格是稀缺性的度量。名人的字虽然烂，但名人稀缺。村妇的画虽然好，但能画出这样画的人并不少。如果一幅画 2 万元，村妇会不睡觉地画。而给马云 50 万元，他也不会给你写字的。

汶川地震后，樊建川收留啥也没做不吃不喝挺过 35 天的猪坚强，却没有收留救了一村子人的狗花花。因为救人的狗不稀缺，不救人的狗倒少见。这也是讲价格的好例子。樊建川收留猪坚强，有人去参观，而如果她收留狗花花，那么就没有人去参观，因为到处都有这样的狗。讲课的时候，可以采用设问的方式，问同学们：猪坚强、狗花花，你们选择收留哪一个？并且展示一下有关的图片，会有较强的视觉冲击力。

教师的收入只是职业球员收入的零头，是因为国家不重视教育吗？这恰恰是国家重视教育的结果。国家重视，教育就普及，供给就充裕，价格就不高。设想 50 位教师罢课，对教育的影响大不大？而如果是 50 位体育明星呢？假如老师的数量和运动员一样多，哪个收入高？

如何提高工资呢？从微观讲，提高技能。但要注意，不是技能好本身提高了工资，是因为提高技能难，做得到的人少，稀缺，从而提高工资的。从宏观讲，应该保护资本。当资本多了，劳动就变得相对稀缺，工资自然就高了。

腾讯劝退35岁以上的人，是老板绝情吗？不是，是因为老板太少、马化腾们太少了，是35岁以下的替代者太多了。君不见，清华每年毕业3500名博士。假如你是马化腾，会不会也这样做？很多年轻博士在腾讯大门外排队等候，为什么不劝退年龄大的？讲课要夸张：设想，假如有一万个马化腾，他们还敢劝退35岁以上的人吗？

地震后，你口干舌燥，担心自己的孩子会脱水，到处找商店买水，好不容易找到一家还开着门的商店。店主不乘人之危，地震前一瓶水卖1元，地震后仍然卖1元。可是你买不到水，因为此时水的需求量大于供给量，不可能都买得到水。于是，你只能继续找，终于又找到一家开门营业的商店。这家属于典型的"奸商"，1元一瓶的水涨价到20元。但为了救孩子，你支付了这个价格。其实，当你去这个商店的时候有人已经去过了，这个人本来打算买水洗掉脸上的泥土，可是当看到价格涨到20元后就放弃了。如果不是"奸商"涨价，这瓶水就被人用来洗脸了，你的孩子就不能得救。结果是"奸商"通过涨价把水配置给了最急需水的你。即价格调节供求，使得供给量等于需求量，实现均衡，并把资源配置给了最急需的人。

价格指导我们生产。你是农民,可以养鸡,可以养羊,可以养猪,但是资源有限,那么你把有限的资源用来干什么呢?如果没有价格,就难以决定。而如果有价格,你就可以根据价格,把资源用到价值最高的项目上。一块土地,可以用来盖房子,也可以用来种粮食,应该用来干什么?哪个项目创造的利润高,就把土地用在那个项目上。

价格指导我们分配。能不能说一个人工作时间长,他的贡献就大?又或者,一个人流的汗水多,他的贡献就大?不能,只能根据其创造的价值来衡量其贡献,并分配财富。如果没有价格,我们就没有办法计算价值大小。

价格指导我们消费。鸡肉和牛肉都能提供蛋白质,那么我是选择吃鸡肉呢,还是牛肉?提供同样的蛋白质,谁的价格低我就选择谁。假如没有价格,我就很难不花冤枉钱。

为什么计划经济时代物质极度贫乏?因为没有真正的市价,无法有效配置资源。计划经济中的价格,不是真正的价格,不能反映资源的稀缺性,不能作为价值的真实度量,叫作影子价格。计划经济中,商品标价 2 元,这个商品真的就值 2 元?计划经济中,企业账面上盈利,真的就盈利吗?企业账面上亏损,真的就亏损吗?不知道。没有真正的价格,我们不知道价值是多少,不知道什么叫亏损、什么叫盈利,无法进行经济核算,这就是计划经济时代物质极度贫乏的根源。

我的经验是,这样不仅系统讲了价格,而且比较受学生的欢迎。

私域与公域：一种探索性讲法

区分私域、公域，对于培养学生正确、简约地认识世界是极其重要的。那么，怎么讲这个问题呢？我尝试这样来讲。

提问学生：火车开到岔道口后，司机发现左边道上有一个小孩在玩耍，右边道上有三个小孩在玩耍，可是已经停不下车了。假如你是司机，该怎么选择，向左边开还是向右边开？这就是大家所熟悉的"电车难题"。

学生可能会有不同的答案，有的会说应该向左边开，有的会说，火车本来应该向哪个方向开，就向那个方向开。这时先不要讲对错，让同学们充分表达自己的观点、讲出自己的理由，希望在观点的碰撞中同学们自己领悟出正确答案。

在同学们充分讨论的基础上，老师再告诉他们：假如火车正常应该驶向三个小孩那个方向，那么司机就不能变道驶向一个小孩那个方向，否则就是把三个小孩暴露在风险中，却让另外一个小孩承担后果。如果司机变道，那一个小孩的父亲追责，司机是要赔偿的；而如果按照正常路线行驶，即使压到了三个小孩，司机是没有责任的。

要告诉同学们：经济学坚持主观价值论，不能说三个小孩的生命价值就比一个小孩的大。此时，要把问题推向极致：假如认为三个小孩的生命价值比一个小孩的大，就可以将火车开向左边道，那么，认为年轻人的生命价值比老年人的大，是否就可以割下老年人的器官去救年轻人？我在讲课的时候还会这样讲：你怎么知道那一个小孩不是牛顿、不是谢作诗？

接下来就可以讲下面这个例子。火车开过来时，在轨道上，一处有一个小孩在玩耍，另一处有三个小孩在玩耍，你是旁观者，有能力救这几个孩子，但由于时间紧迫，你只能救其中一处的孩子，那么请问：你是救那一个孩子，还是救那三个孩子？

还是讨论，让同学们自己给出答案。有的会说救那三个孩子，有的会说救那一个孩子。仍然不能停留在答案本身，还要同学们把自己的理由讲出来。

在同学们充分讨论的基础上，老师再给出自己的答案：可以选择救那三个孩子，也可以选择救那一个孩子，甚至，还可以选择谁也不救。

为什么前面的例子中司机没得选，后面的例子中旁观者可以随便选？这个时候，就可以引入私域和公域的概念。

私域是权利清晰界定的领域。只要产权清晰，即便共同使用，也是私域。我家的客厅，经常是和朋友、学生共同使用，然而属于私域，因为产权清晰，房产证上写的是我和太太的名字。商场属于共同使用，但也是私域，因为产权清清楚楚，属于全体股东所有。

公域是权利没有清晰界定的领域。公域不是没有主人，而是产权没法量化到个人。公寓里的楼道、小区中的绿化带，都属于公域。它们有没有主人？有，分别属于全楼业主和全小区业主，但是哪一部分属于你，哪一部分属于我，每个人到底有多少份额，又说不清楚。

注意：在讨论私域、公域的时候，不要简单将其和物的所有权相联系，关键在于权利是否清晰界定，是，就是私域，不是，就是公域。在第一个例子中，岔道口火车怎么行驶，孩子能在哪个轨道玩耍，这是清楚界定了的，因此属于私域。而在第二个例子中，旁观者是救那一个孩子，还是救那三个孩子，又或者谁都不救，并没有清晰界定，因此属于公域。

在私域，必须尊重产权主人的选择，即我的财产我做主，"风能进，雨能进，国王不能进"，否则就破坏产权了。在私域，必须按照既定的权利界定行事，否则当初界定权利又有什么意义呢？

问：政府能否强制商场搞消防？答案是：不能，那样就破坏产权了。那么，需不需要政府强制商场搞消防呢？不需要。权利清晰，有明确的施害人，有明确的受害人，如果发生火灾，受害人会通过法律向施害人索赔的。作为商场的股东，预期到一旦发生火灾，受害人会向自己索赔，事前他就一定会搞消防。

在讲课的时候，可以让学生充当商场老板，通过师生的互动把正确答案引申出来。例如，假如学生说政府不强制搞消防，他就不搞消防，老师就可以反问：受害人事后向你索赔怎么办？自然就得出"即便政府不强制搞消防，商场也会搞消防"的结论。

有一年我拜访张五常教授，他对我说：我看过你的文章，写得太紧了。讲课也一样，不能干巴，要收放有度，适当穿插一些故事。这时候可以讲讲国外私人消防公司及其救火的故事。

既然规定了火车应该向右边行驶，司机当然不能因为怕压到右边的三个小孩，就擅自改道将车开向左边。所谓权利，一定是所有人都有的，否则就是特权。权利保护是普遍的保护，既保护你的，也保护我的，同时保护所有人的。假如司机擅自改道将车开向左边，那么就侵犯了左边那一个小孩的权利。普遍权利保护是一条重要原则。

在私域，一切都不是问题，必然会达到有效率的结果。当然，仅仅这个论证还不充分，但是讲课并不需要把每一个问题都讲透，传递正确的观念、激起学生的兴趣就成功了。想深入了解的朋友可以参看《麻辣烫经济学：经济学通识二十一讲》"科斯定理"一章。

麻烦在于产权没有清晰界定的公域。在公域，权利没有清晰划分，怎么办？听谁的？没有标准答案，民主（少数服从多数）、独裁、抓阄、凭武力等办法都可能被使用。例如，电梯的卫生怎么搞这种小事，由业主委员会主任独裁算了；而像小区的公共空间怎么使用这样稍微重要的事，不妨由全体业主投票决定。

可以让同学们讨论：公共场所应不应该禁烟。绝大多数同学会说应该。但抛开成见，其实答案并不唯一。现在之所以禁烟，是因为大多数人不吸烟。如果大多数人吸烟，不禁烟又有何不可？设想，假如所有人都是烟鬼，公共场所还需不需要禁烟？

在公域，不能排除政府干预。例如，河流的污染、公共空间的消防等，就不能排除政府干预。当然，政府干预不是解决问题的唯一方法。公域里的协调机制不能让所有人都满意。例如，公共场所禁烟，吸烟的人不满意；不禁烟，不吸烟的人不满意。并且，公域里的协调机制多多少少都存在某种缺陷。这时，可以展开讲一讲民主。

民主既是权利，也是权力。既然有你的份，当然是在行使自己的权利。但你在行使权利的时候又会影响他人，所以是权力。民主只适用于公域，不能应用于私域。好的例子胜过千言万语的说教。可以反问学生：能否集体投票决定你家的钱怎么用？同时告诉学生，不要以为这个问题简单，换个"马甲"，大家可能就不认识了。

问：能否全民投票决定国家要不要搞福利？可以设想，赞成的和反对的应该都有。接下来再问：全班同学投票决定女生拿多少钱请男生吃饭，合理不？可能有男同学调皮，故意讲合理，但其实所有人心里已经明白了：这两个问题的性质完全一样，全民投票决定国家要不要搞福利是错误的做法。

民主很难做到责权利相统一。投票只是举手之劳，决定的事情却可能重大无比，在经济学中这被叫作廉价投票。因此，大民主不好，应该纳税人投票。西方不是因为大民主而繁荣的，倒是因为大民主在衰落。这个时候，可以讲讲美国和特朗普，说说南非和曼德拉。例如，移民问题必须谨慎，因为同样是投票，不同的人投，会有天壤之别的后果。

因此，我们既不能贬低民主，又不能无限拔高民主。在公域不搞民主，又有什么更好的办法？也要知道，民主不能跨界到私域，民主有它固有的缺陷。

当然，老师也可以用同学个人的私事和班集体的公共事务为例来讲民主。

回到前面的两个例子。第一个属于私域，权利界定清晰，司机不能擅自改变火车行驶的轨道。第二个属于公域，权利没有清晰界定，作为旁观者，他可以选择救三个小孩，也可以选择救一个小孩，甚至，他袖手旁观、见死不救都没有法律责任，只是受到道德的谴责——法律是道德的最低标准，我们可以高标准要求一个人，但不能以高标准去惩罚一个人。

通过这节课，要让同学们明白，私域简单，尊重产权主人的选择，或者遵循界定的权利就可以了。社会问题之所以复杂，就复杂在公域里。公域的问题，没有标准答案，没有办法让所有人都满意，并且多少存在某种缺陷，因此，对于公域里的问题，我们要多一份谨慎和包容。

生活中的经济学并不追求讲述太多内容，而是力求把基本概念和原理讲深讲透。然而，教科书在介绍概念、原理的时候，必须进行简化处理。例如，在讲供求原理的时候，只会笼统地用供给量，不会讲供给量是否包含预期供给量。但在实际中，预期是一个极其重要的因素，这就需要用一些例子来拓展对于原理的讲述。又如，供求原理是局部均衡分析，可是真实世界的一切都是一般均衡。因此，也要通过具体例子来演示对于供求原理的灵活运用。

房产税无疑是活用供求原理的好例子，可以很好地说明预期在价格决定中的作用。

很多人认为，房产税会使炒房客抛售手中的房子，这会增加房子供给、降低房价。是啊，房产税使房子价值下降，炒房客当然要抢在房产税开征前抛售，这怎么会不增加房子供给呢？

我们的目的本来是要说明上述观点是错误的，但为了讲课效果好，在正式分析之前，偏偏要花点时间指出这个观点有多么流行、有多少专家学者也这样讲。在此基础上再告诉同学们：这个观点是错误的，假如我能说服大家，那么到时大家给我一点掌声；如果说服不了大家，我就咬舌自尽。有可能，马上就有同学给你掌声。不管出于什么动机，有掌声总比没有好。

接下来讲这个例子。假设你所在的城市有个三江汇合口，在这个汇合口有一个小岛，小岛是你们这个城市风景最美的地方。开发商在这个岛上分两期开发房子,第一期1000套;第二期1000套,五年后上市。请问:在买第一期房子的时候,你会认为岛上房子的供给只有1000套吗?

绝大多数同学会回答:不会。只有极个别同学可能说:会。对于后者,完全可以玩笑似的指出,你这是有意跟我唱反调,想让我的课讲不下去,我不上当。然后继续分析:即使第一期只有1000套,你也会按照2000套来出价,因为房子不是一次性消费品,你今年买了,五年后开发商的第二期房子上市时,会影响你的房子的价格。

假设市场上正在流通的有1000套房子,炒房客手中囤了1000套。炒房客囤的这1000套,跟开发商第二期的1000套有本质区别吗?此处要逼同学们回答,直到达成共识:完全没有。

因此,尽管炒房客手中的房子还没有上市交易,但也是市场供给。潜在的供给也是供给。不征房产税,房子供给量等于在售的1000套加炒房客囤的1000套;征收房产税,房子供给量等于在售的2000套加炒房客囤的0套。房产税的确会使炒房客抛售房子,但是,这只是影响在售和待售房子的比例,并不影响在售和待售加总在一起的总供给量,而决定房子价格的是在售和待售加总在一起的总供给量,因此,房产税怎么可能降房价呢?

此时,要在PPT上醒目地显示:"房产税的确会使炒房客抛售房子,但却不会降低房价!说服你们了没有?"并且大声讲出来。我的讲课经验是，这个时候同学们会报以热烈的掌声。如果没有掌声，那么不妨告诉同学们：此处应该有掌声！

接下来要提炼升华：人是智慧生物，能预见未来，并提前做出反应；预期将来要卖，即便现在没有卖，也要计算在供给中。如果是给学过经济学的同学讲课，那么还可以发挥一下：马歇尔说，短期，成本不影响价格；长期，成本影响价格，全世界的教科书都这样讲，但这是错误的，一旦预期到了，马上就进入价格，跟时间长短没有关系。例如，中美之间发生贸易摩擦，无论宣布三个月后加征关税还是马上加征，国内产品价格立即就上涨了。

根据情况，还可以分析一下"见光死"，然后在 PPT 上醒目地显示："预期决定人的行为！预期决定人的行为！预期决定人的行为！"大声读出来，接着再一字一字地说出"重要的话——"如果有学生跟"讲三遍"那就太好了：你们自己说的讲三遍，那就齐声念三遍。

告诉同学们，要牢牢记住这句话；理解了这一点，我保证你们将来无论是投资股票还是大宗商品，胜率都会提高 20%。我自己讲课，还会加一句：如果我说的不实，我活着，你们上我家把我的房子烧了；我死了，你们把我的坟刨了。大家倒不一定要学。

房产税使房子价值减少，买房者势必要减少出价。例如，假设征收 20 万元房产税，那么对于征税前 100 万元的房子，买房者就只愿意出 80 万元购买了。看得见的，房价的确降了，从 100 万元降到 80 万元。但是，买房者真的只花了 80 万元吗？那 20 万元的税，也是他购买房子的代价啊！买房者购买房子的真实代价（价格）仍然是 100 万元。

事实上，如果房产税认房不认人，按照单位面积征收，对炒房客征税，买房者买到手上也要征税，那么，房产税就只是减少了房子的价值，跟谁持有这房子没有任何关系。

当然，你可能会说：房子在炒房客手上要征收房产税，但是买房者买到手上不征。即，房产税不是按单位面积征收，低于一定的面积，比如人均面积低于 60 平方米不征收，在这种情况下，炒房客抛售房子，该让买房者享受到额外的好处了吧？

果真房子在买房者手中不征税的话，那么对于买房者来说，那 100 万元的房子就还值 100 万，不要说降 20 万元，就是降 1 万元，就有人抢着去买。竞争之下，房子的价格还会接近 100 万元。

此处，如果有条件，可以在课堂上以低于市价的起拍价拍卖一件东西，看看最终的交易价格是多少。我相信，这会帮助同学们理解上述分析并给他们留下深刻的记忆。

征收房产税能降低不含税的房价，但是不能降低含税的房价，不能让任何人因此而享受到便宜的房子。这并不是说就不应该征收房产税，更不是说征收房产税后含税的房价就一定不会降。应不应该征收房产税，这是另外一个问题。如果征收房产税后含税的房价真的跌了，那并不是房产税的作用，只能说，不征房产税，房价本来也要跌的。

我的建议是，到此，还应该倒回来用供求模型做一个分析。如图 4.1，房产税会增加持有房子的代价，这等于降低了房子的价值，因此对房子的需求会减少。假设税额为 t，这就相当于需求曲线从 D 移动到 D*。相应地，均衡交易量由 Qe 变为 Q*，均衡价格由 Pe 变为 P*。

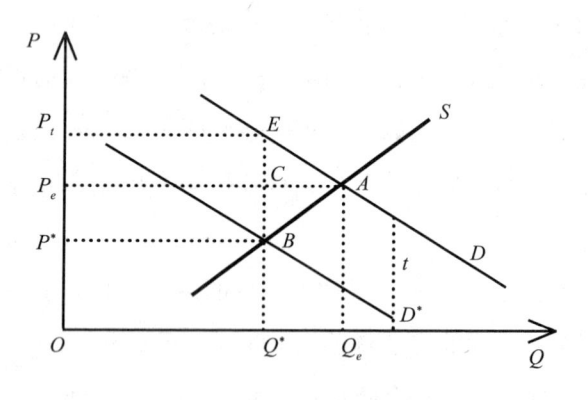

图 4.1 持有税与均衡价格

表面上，房产税使房价下降了，这和税收使价格上升的一般原理相矛盾，但实际上并不矛盾。前面的税是交易税，在交易环节征收，前面的价格 P* 是含税的价格。而房产税是持有税，交易后才征收，这里的价格 P* 是不含税的价格。如图 4.1 所示，如果把税额 t 加进来，那么，价格就变为 Pt 了，还是高于没有房产税时的均衡价格 Pe。

经济学的一般原理是，税收只会减少交易量、提高含税价格，并且税负由交易双方分担。如图 4.1 所示，对于向购买者征收的持有税，还是像一般原理所讲的那样在买卖双方之间分担。和没有房产税的情况相比较，购买者多支付了 CE 的部分，出售者少收入了 BC 的部分。

即便交易后才向购买者征收的税，也会在购买者和售卖者之间分担。

为什么交易后才向购买者征收的税会影响售卖者的收益呢？这就是预期的作用。预期到买房后要征收房产税，房子的价值要被税款抵扣，房子的需求就会减少，房价就会下跌，售卖者的收益就会减少。注意：跌的是不含税的房价，含税的房价是涨的。

产品定价：讲出底层逻辑和特色

对于一节课来说，开场能否引起同学们的兴趣和好奇心至关重要。

可否这样来开场？先举出一个成本加成定价的例子。这个例子，一要真实，二要简约。然后问同学们：这样定价对不对？要求每个同学都回答。一般来说，绝大多数同学会回答"对"，但也会有少数同学回答"不对"。

在口头做了回答之后，告诉同学们：回答"不对"的同学请举手，恭喜你们，回答正确，平时成绩加5分；再让回答"对"的同学举手，贺喜你们，回答也正确，平时成绩也加5分。前面口头回答"对"的人很多，但因为先肯定了"不对"的答案正确，很多同学可能就不举手了。

"对"与"不对"，完全相反的两个答案，怎么可能都正确呢？这就会引起同学们的好奇心。前面明明口头回答了"对"，后面却没有举手，而举手了仍然得5分，这就会产生戏剧性、冲突感。我相信，有同学正在拍大腿：明明前面我回答"对"了啊，居然没有举手。

接下来，我们可以讨论"不对"的答案。其实课程讲到这里，前面已经讲过成本以及成本与价格的关系，那里我们严格地讲过："历史成本"不是成本；对于现在这个时点，是价格决定成本，成本永远等于价格；生产成本是预期成本，会影响价格，但也只是下限参考。这里要不要复习、巩固，像这样严格地来讲价格与成本的关系呢？我的建议是不要。因为这个问题并不是平常认为的那么简单，如果前面懂了，这里自然懂，如果前面没懂，这里短时间内也不可能懂。况且，这也不是我们这节课的主要内容，时间有限，我们不能两头都没有顾到。

这里可以采用简单、不那么严谨的讲法。问同学：你白捡的钻石，可不可能便宜卖给大家？反过来，你高成本生产出的产品，可不可能高价格卖出去？你1亿元一平方米买地、盖了房子，可不可能1亿元一平方米卖出去？答案是：都不可能。因此，定价跟成本没有关系。

定价的时候，我们要考虑的，甚至唯一要考虑的，是消费者的支付意愿。消费者如果愿意出高价，那么我们就定高价；他如果不愿意出高价，那么我们就只能定低价。

所以，产品定价的核心问题是什么？就是弄清消费者的支付意愿，按照其支付意愿定价。假如消费者愿意出高价，那么即便白捡来的，也要卖高价；而如果消费者不愿意出高价，那么就算高成本生产出来的，那也只能卖低价。

这时我们可以用一个简单的例子，说明根据消费者的支付意愿定价的确可以实现最大销售收入。张三、李四、王五的支付意愿分别是3000元、2000元、1000元，根据其支付意愿定价，卖张三3000元，卖李四2000元，卖王五1000元，可以获得6000元的最高销售收入。

接下来，我们可以用教科书上汉克派森尼公司的例子进一步地说明。当初这个公司采用成本加成法定价，后来来了一位新老总，这个老总认为，怎么能按成本定价呢，应该按照消费者的支付意愿定价。于是，他聘请市场营销顾问，基于需求方意愿支付的数据，设计了新的定价系统。使用新定价系统后，公司利润、股东回报都得到了大幅提升。

我们还可以引入大量生活中的例子。看病的时候，医生会问长问短，了解你的职业、家庭住址，等等。这些信息对治疗有没有帮助？有，但主要的还是了解你的支付能力和支付意愿，对不同的人采用不同的治疗方法，收取不同的费用。

我们去4S店买车，销售人员会不停地跟你聊天，在聊天的过程中会了解你的支付意愿和支付能力，然后会给你提供不同的折扣、赠送不同价值的礼品，也是根据支付意愿在定价。你去商场买衣服，虽然明码标价，但有的可以讲价，这还是按照支付意愿在定价。

上大学的情况比较特殊。入学前，学校很难了解学生的支付意愿，但是入学后学生会在学校待三到四年，学校就会知道学生的家庭状况。于是，学校就可以将学费定得偏高一点，同时承诺提供奖学金、勤工俭学机会等。这其实也是根据支付能力、支付意愿在定价。

问题在于，没有人主动告诉你自己的支付意愿是多少，隐瞒还来不及呢。当不知道消费者的支付意愿的时候怎么办？那我们就把支付意愿相近的人分成一组，然后按组定价。我们可以在前面的例子中补充三个人，甲、乙、丙，他们的支付意愿分别为6000元、5000元、4000元。如果整个市场统一定价，价格为4000元时能获得12000元的最高收入。但如果对甲、乙、丙定价4000元，对张三、李四、王五定价2000元，就可以获得16000元的收入。

你看，分组定价的确能比统一定价创造更高的收入。道理不难理解，假如能将组无限细分下去，那么就等价于对每个消费者收取不同的价格。前者按每个消费者的支付意愿区别定价，叫完全价格歧视。后者无法识别每个消费者的支付意愿，按组差别定价，叫不完全价格歧视。

想知道每个消费者的支付意愿很难，但有很多办法，可以协助厂商进行分组，实施差别定价。

厂商可以根据地域来分组，实施差别定价。亚洲版华尔街日报在中国香港、新加坡和东京每天印刷，同步发行。在这三个城市中，报纸的定价差异很大。2006年5月，该报在中国香港的年定价为348美元，在新加坡的年定价为331美元，在东京的年定价为845美元。但是，要确定网络用户的地理位置很难，因此该报网络版在这三个地方的年定价都是99美元。

厂家还可以根据消费者群体来分组，实施差别定价。例如，微软的Windows10有学生版、家庭版、专业版、终极版，定价差异很大，它们针对的就是不同的人群。又如，电影院对学生、老人和一般成年人的卖价也有很大差异，通常会给前两类人打折。再如，航空公司经常对经济舱打折，但是很少有对商务票打折的。

根据购买数量来实施差别定价，也是一种分组定价，只是这里是对物而非对人分组。你去买咖啡，第一杯是全价，第二杯可能是半价。为什么会这样？因为边际效用递减，你对第二杯的评价低，商家就只能收低价。采取这样的策略，一些喝了第一杯的人就可能继续买第二杯。这样既对第一杯收取了高价，又没有失去赚第二杯的钱的机会。

有时，厂家很难对消费者主动分组，那么就可以设计不同的款式、套餐，让消费者自己分组。

电信企业几乎没有办法主动去分组，因为它连消费者的大概支付意愿都无法知道，于是它就可以设计不同的套餐，有的通话时间长一点，有的流量多一点，有的贵一些，有的便宜一些，让消费者自己选择。因此，套餐是一种由消费者自由选择的分组差别定价。

手机厂商不停地推出新款手机。实际上，新款手机与旧款手机在功能上并没有太大的区别，但是新旧两款手机的价格却有很大的差异。这样，支付意愿高的人会去买新款手机，支付意愿低的人就可以买旧款手机。汽车厂商会生产高配、低配不同配置的汽车，高配车与低配车在功能上同样没有太大差别，然而价格却显著不同。背后的道理是一样的。

这些都是价格歧视。主流经济学分一级价格歧视、二级价格歧、三级价格歧视……我是经济学教授，可我都讲不清啥叫二级价格歧视、啥叫三级价格歧视……可见，这样的分类方式并不好。实际上，有无穷无尽的不完全价格歧视办法，我们按照地域、购买数量等来分类，就直观得多，也能更好地把握住产品定价的本质和核心。这就是我们课程的特色。

还有可能，上面的做法都不可行，或者说做起来成本太高，怎么办？那就倒回来搞成本加成定价。但要注意：成本加成定价并不是和按消费者支付意愿定价并列的一种定价方法，它们的地位是完全不同的。成本加成定价只是在信息费用高、很难知道消费者的支付意愿，甚至难以大概了解消费者的支付意愿，做不到分组定价的情况下的一种权宜之计、变通之法，根本不具有一般性。一旦信息费用降下来，了解了消费者的支付意愿，就绝对不会用成本加成定价了。事实上，如果成本加成定价真的是一种一般的定价方法，怎么解释企业亏损倒闭？成本之上还可以加一个合理利润，企业怎么可能亏损倒闭？但是按消费者支付意愿定价就可以兼容所有的情况，既可以解释赚了大钱的企业，也可以解释亏损倒闭的企业。

这就叫原理没有例外，现象可以形形色色。产品定价的原理只有一个，那就是识别消费者的支付意愿，然后按其支付意愿定价。但是，考虑了信息费用这个约束条件，又可以有成本加成定价的做法。这就好比，从原理上讲，不同资产的收益率是一样的，良币不能驱逐劣币，劣币也不能驱逐良币，然而加入了不同的约束条件，既可以出现劣币驱逐良币的现象，也可以出现良币驱逐劣币的现象，但你不能说劣币驱逐良币是定律。这背后的道理是一样的，一通百通。我们的课程，不只是给学生传授知识，更要培养学生的经济学理念、经济学思维。

进一步讲，价格歧视对不对、好不好呢？可以从两个方面给出回答。

首先，定价权是企业的产权，干预企业定价就是破坏产权。

那么，企业有了定价权，是不是就一定定高价？价格不是企业想定多高就能定多高的，得受消费者的支付意愿约束，即得受需求曲线的约束，同时，还得受竞争者的约束。想定高价不就是想多赚钱吗，卖不出去又有什么意义呢？无数事例表明，即便企业拥有定价权，也不可能随意定高价。相反，为了防备竞争对手，企业采用的是低价策略。洛克菲勒标准石油公司 1880 年垄断了美国 95% 的煤油市场，而在接下来的 10 年间，煤油价格从每加仑 1 美元降到每加仑 10 美分。在即时通信软件市场上，微信占有 100% 的份额，可是我们免费使用微信。

其次，我们可以用一个简单的例子说明价格歧视是好的。假设有一种产品，不搞价格歧视，统一定价 5 元，那么支付意愿为 4 元、3 元的人就没有机会交易了。搞价格歧视，对高支付意愿者收 7 元，对低支付意愿者收 3 元，有利于厂商是不言而喻的。那么，对高支付意愿的人，会怎样呢？尽管高支付意愿的人多出钱了，但这只是和不搞价格歧视相比较，其实他们仍然是获利的，只是获利少一些罢了。因为是自愿交易，不获利怎么会交易呢？可是，那些支付意愿为 4 元、3 元的人就有机会交易了。由于扩大了交易，整个社会的剩余反而增加了。

最后我们可以一般地讲讲歧视。其实，在经济学上歧视是一个中性词，就是区别对待的意思。无处不歧视。你找了他做你的男朋友，没找我做你的男朋友，就是对我的歧视。你买了苹果手机，没有买三星手机，就是对三星手机的歧视。买东西大多会讲价，这也是歧视！

这一节课的题目是产品定价，我们就从"从加成定价说起""产品定价的核心问题""价格歧视""价格歧视对不对、好不好""如何解释有企业用成本加成定价的做法"五个方面，既清晰简明，又逻辑一致地给出了讲解。而且，我们给回答"成本加成定价对"的同学也加分，并不是随意讨好学生，的的确确在特定约束下是对的。我想，通过课程的讲解，学生会明白为什么两种答案都对的道理。他们会记住，成本加成定价只是在高信息费用约束下的一种权宜之计、变通之法。而这样来讲成本加成定价，应该说我们是独一家，因此也是我们课程的特色。

套利是检验学问通透与否的试金石

所谓套利，就是将价格低的地方的商品拿到价格高的地方去卖，以获取价差收益。套利的思想不深奥，但要让学生留下难忘的记忆，讲述上还是需要一些技巧的。套利在经济学中往往被一带而过，殊不知，如果运用得当，还可以获得一个观察世界的重要基准。

一价定律就是套利的应用。如果不考虑运输费用，也不考虑关税，经过汇率换算后，用同一种货币来计价，同一商品在世界不同地方的价格是一样的。这叫一价定律。一价定律之所以成立，是因为假如某个地方的价格高，那么人们就会从价格低的地方买商品，到价格高的地方卖，就会拉平两地的价格。汇率决定的购买力评价理论就是根据一价定律推导出来的。

资产收益率平均化也是套利的应用。在不考虑风险、没有交易费用的情况下，假如甲项目的收益率高，乙项目的收益率低，那么人们就会放弃乙项目，去争夺甲项目，甲项目的成本就会上升，收益会下降，相应地，乙项目的成本会下降，收益会上升；反过来也一样。最终，两个项目的收益率就会趋于相同。

这样讲，学生也能明白，但不容易产生难忘的记忆。我的经验是，要让学生难忘，最好的办法是先提出一个直觉容易出错的问题，然后通过简单的分析，证明直觉是错误的。

先提出问题：现在网约车非常普遍，网约车使出租车司机的收入下降了，对不对？我相信，多数同学会给出肯定的答案。但不要直接评价答案正确与否，还是先分析一个更直观的例子。

校门口的水果店生意火爆，请问：这个水果商挣得就比别处的水果商多吗？

假设这里的水果商比其他地方的水果商挣得多，那么其他地方的水果商就会来争夺这里的商铺，你出 5000 元租金，他加价 500 元，竞争使得该地段的房租上涨，直到这里和其他地方的水果商挣得一样多才会停止。最终，商人在该地段经商能够赚到的与在其他地段赚到的持平，而房东拿到了该地段的全部好处。

如果这里的生意不好了，商家挣得不如其他地方多，那么他们就会要求减租，甚至退租去其他地方。最终，商家在该地段经商能够赚到的还是与在其他地段持平，而房东承担全部损失。

有了这个铺垫，就很容易理解网约车的影响。答案是：只要替代性职业的收入没有变，那么网约车就不会影响出租车司机的收入，出租车司机与大货车司机或者从事非司机工作的人的收入是一样的。谁是网约车的"受损者"呢？答案是：出租车牌照的拥有者。

由于存在套利活动，因此，如果一项资产是流动的，那么在长期均衡中，该资产在哪里都会获得一样的收益。这就叫作无差异原理。当遇到不利的情况，流动性高的资产会逃离，损失主要由流动性差的资产承担。而当遇到有利的情况时，流动性高的资产会蜂拥而至，在竞争之下最终它们只得到行业的平均利润，好处归流动性差的资产。

很容易用它来推断房价变化、制定投资策略：一个国家或地区，经济增长的好处将主要由不动产所有者获得，经济衰退的代价也主要由不动产所有者承担，因此，增长中投资不动产，衰退时远离不动产。

我想，像这样介绍套利，学生就会难忘（更详细的讨论见第三章"用身边事例讲经济学"一节）。因此讲课的时候，完全可以先讲这部分，然后再讲一价定律、资产收益率平均化。

其实应用远不止这些。例如，股票价格与市场利率反向变化就可通过无差异原理推导出来。

P 元钱，既可以用来购买价格为 P 元的股票，获取红利，也可以在借贷市场借出去获取利息收入，两者获得的回报应该一样多。假设红利固定，每年为 R 元，市场利率为 i，两者的收益应该相等，即 $iP=R$。于是

$$P=\frac{R}{i}$$

据此，我们还知道良币驱逐劣币的格雷欣定律是错误的，因为在套利的作用下，两种货币的收益率应该是一样的，劣币不能驱逐良币，良币也不能驱逐劣币。

无差异原理当然是有前提条件的。在"理想"的没有交易费用（包括没有风险）的环境中，不同资产的收益率是相等的，但实际上，不同资产的收益率是否相同呢？一般不会。不同资产收益率的差异反映的正是交易费用（包括风险）等的不同。没有风险，你把钱借给任何人，利率都应该是一样的。但实际上，你把钱借给银行，利率会低一些，借给个人和企业，则会高一些，因为前者风险低，后者风险高。没有风险，投资股票的收益率和投资债券的收益率应该相等，但实际上肯定不等，因为风险不同。这样，我们就能以无差异原理为基准，分析到底是什么原因造成了资产收益率的差异。

劣币和良币的收益率应该相等，这是"理想"的没有交易费用的情况。如果存在交易费用，例如，如果鉴定良币、劣币有成本，那么的确可能出现劣币驱逐良币的现象。但实际上，良币也可能驱逐劣币。国民党统治的后期，大家都使用美元、黄金，而放弃使用金圆券，这就是良币驱逐劣币的例子。那么，是不是又要搞一个良币驱逐劣币的定律？那样的话，岂不是每一个现象都要对应一个定律了？

在真实世界，看得到的是不同资产的收益率不相等。但这只是现象，我们应该掌握的是现象背后的理论。理论上，在理想的状态下，不同资产的收益率应该趋同。这是一个极其重要的基准。在这个基准之上，加上不同的约束条件，就可以得出不同的结论：如果鉴定良币、劣币有费用，又不能拒绝劣币，那么劣币会驱逐良币；而如果可以拒绝劣币，那么良币会驱逐劣币；如果鉴定良币、劣币的费用为零，那么根据货币含金量确定它们的比价，谁也不会驱逐谁。

深入想一想，其实科斯定理也是一个无差异原理。所有无差异原理背后反映的都是套利。如此，世界就变得简单了。我们掌握无差异原理，然后通过在无差异原理上加入不同的约束条件，就可以变换出五彩缤纷的现实世界。学问就是要有让世界变得简单。

后面的内容，讲课时未必要讲。但作为老师，要熟悉，所谓给人一碗水，自己要有一桶水。

让学生做一回课堂主角

我多年的上课体验是，上半学期学生注意力相对集中，课好讲，下半学期学生注意力就不那么集中，课不好讲得多。我猜，一个重要原因是单一的讲授模式出现了边际效用递减的情况。

因此，寻求变化是一个必要的解决之法。例如，在讲"价格决定成本"一章的时候，因为相对难，又反直觉，上课时我就要求学生："认真听讲，听懂后给自己的爸妈讲懂，我会随机在课堂上给你们的爸妈打电话，验证你们讲得怎么样。"确实，学生因此比平时听得认真些。

不过我没有给同学的爸妈打电话。那么，可不可以随机抽三个同学，一个扮演爸爸，一个扮演妈妈，一个扮演孩子，扮演孩子的当着同学们的面，给"爸爸""妈妈"讲一遍所学的内容？

翻转课堂，让同学们更加主动地参与到课堂中，受到越来越多的重视。考虑到用经济学分析各种现象和行为，似易实难，我觉得让学生讲新内容可能有难度。但是，在学了一定程度的经济学之后，让学生谈谈学习经济学的体会、谈谈学习经济学带来的改变，是可行的。

一般在上了四五次课后，我会要求学生写篇小文章，谈谈学习经济学的体会以及学习经济学带来的改变，作为他们的平时作业。说实话，不少同学的作业超过了我的预期，读来很受益。

我在课堂上分析了商家会将品质好的商品卖往外地，并且一般价格也比本地低。例如，茅台在国外的售价就比国内便宜，并且质量也更有保障。又如，当年上海汽车厂的桑塔纳在国内卖二十多万元，而在国外只卖几万元。这其实是企业正常的利润最大化行为。学生在作业中举出了自己的例子：她家的亲戚是空姐，飞国际航班，她家请亲戚从国外带东西，亲戚却说国内卖得更便宜，他们以为是亲戚不愿意帮忙，学了经济学后才知道原来亲戚说的是真的。

我用经济学分析缠足现象后，学生在作业中竟然引用了大量关于缠足的诗词。苏轼在《菩萨蛮》中写道："纤妙说应难，须从掌上看。"辛弃疾的《菩萨蛮》也说："淡黄弓样鞋儿小，腰肢只怕风吹倒。"元代施君美在《幽闺记》中说："步迟迟，全没些气和力。"关汉卿在《闺怨》中也讲："行一步叹息，两行愁泪脸边垂，一点雨问一行凄惶泪，一阵风对一声长吁气。"

我在分析如何正确认识疫情中口罩价格上涨的问题时，主要讲涨价增加供给的作用。学生把后面学到的供求原理灵活应用到这个问题上,指出:"在疫情初期,口罩的供给量小需求量大,如果还以原价销售,那么势必有人买不到口罩。"

我分析了房产税不能降房价,学生用自己的语言讲出来,讲得很有味道:"假设只对第二套及以上的房子征税。一套房子原来值 100 万元,征收 10 万元房产税后,对于第二套房所有者来说只值 90 万元,而对于没有购买过房子、不需要交房产税的你来说仍然值 100 万元,看到降价后你很是心动,决定购买,但是,当你联系房主的时候就会发现,不止你一个人对这套房子感兴趣,那么这套房子最终会归谁所有呢?你想拥有这套房子就要和别人去竞争,房主最终会根据你们给出的价格,谁高给谁,往往最后的房价会和原价相差无几。"

"经济学还让我对时间复利有了深刻的理解。我们现在做的每一件事、每一个决定看似不起眼,然而在时间的复利下将会深刻改变我们。我们每天进步一点点,持续坚持,终会有巨大收获。很多人刚开始的起点其实是差不多的,但是,为什么多年之后会出现巨大差异?很大原因就是平时行为日积月累的结果。有的人每天都在进步,而有的人每天都在退步,这每天一点点的差异在复利的作用下就会造就极为不同的人生。"这个问题我在课堂上是讲了的,但学生能用自己的话把它讲出来,说明她是真正理解了的。

很多同学都谈到,在没有学习经济学的时候,很容易从人本身去评价一个人。学了经济学后,懂得应该更多地从人所处的环境条件(约束条件)去观察人的行为。古人重男轻女,并不是他们封建落后，是因为在他们所处的环境条件之下，不这样做不行。而要想改变重男轻女，正确的办法不是说服人们不要重男轻女，而应该改变重男轻女这一现象赖以存在的环境条件。我认为，不敢说他们就会用这个方法分析问题，但至少他们是理解了这一方法的。

我认为，只要提前布置，同学们做好充分的准备，在期末搞一次翻转讨论课，让同学们谈谈学习经济学的体会、谈谈学习经济学带来的改变，应该是可以保证质量的。而这也是一堂很好的复习课。人们常说教学相长，在这样的翻转讨论中，作为老师，也会有所收获。

第五章
学习的方法

要坚持只有自己能说服自己

不要迷信权威，不要被流行观点所左右，要坚持只有自己能说服自己。张五常教授说得好："那是大师所说的呀，怎可能是错了的？那么多人都那么说，而且大家说了那么久，一定是对的吧！这两点，是人类最大的思想束缚。要是你能避免这两个束缚，你可能一夜间变为一个准天才。"

是的，在科学上，众所周知的观点不一定对；不仅不一定对，而且往往错得离谱。格雷欣定律、传统外部性分析、传统佃农理论、传统垄断理论，都错得离谱，错得一塌糊涂。

是的，在科学上，错就是错，对就是对。即使错了，但错得有启发，也是伟大的。

我这个人无可救药，对于崇拜的人，我总是五体投地；就算他错了，我还是五体投地。

我对张五常教授五体投地。他说：市场因为交易费用而起；没有交易费用，不会有市场。我不同意。我的观点是：市场因为交易费用而起，但是没有交易费用，还会有市场，只不过是随机地出现罢了。他说：如果我们都不卸责、欺骗、说谎或盗窃，世界将更美好。我也不同意。我的观点是：假如人人都是利他的，那么人类早已不复存在。我不同意，但我还是对他五体投地。太太说我很专一，干什么事都很专一。她说我太专一了，以致现在都爱不起她来了。

我这个人无可救药，自己想通了的，深信不疑；想不通的或者还没有想通的，那是一定要存疑的。

教科书讲的理性、完全理性和有限理性，我不相信。我认为理性与完全理性、有限理性不是一回事。理性是追求约束条件下的利益最大化，也只是追求约束条件下的利益最大化。而完全理性和有限理性则与环境的复杂性和不确定性，以及人的认知能力的局限性相关联。

教科书讲什么最优、次优。我不相信。我认为区分什么最优、次优没有太大的意义，有意义的只是约束条件下的最大化。

教科书讲帕累托改进，讲渐进改革是帕累托改进，我也不相信。我认为帕累托改进要求约束条件不变，那些所谓的帕累托改进其实伴随了约束条件的改变，因而不是真正意义上的帕累托改进。"考虑了所有的约束条件，经济总是有效率的"，所谓的帕累托改进其实是子无虚有的。

教科书讲"囚犯的难题"，说集体理性与个人理性有冲突，我又不相信。坚持集体理性与个人理性不是同一时空中的事，而且世间并不存在什么集体理性，冲突更无从说起。

教科书讲垄断是无效率的，我还是不相信。我认为垄断只是程度问题，一定程度的垄断总是存在的；我认为很多垄断恰恰是保护产权的必然结果；我认为，那所谓的净损失其实是避免价值消散和获得规模经济的必要代价。

学界争论国有企业改革中竞争重要还是产权重要。我就想：竞争与稀缺性相伴而生，竞争与生俱来；有的竞争是价值消散的竞争，有的竞争是价值增值的竞争，因此竞争是需要进行筛选限制的。产权的作用在于对竞争方式进行筛选。产权既为竞争提供激励，又对竞争进行限制：激励人们用这样的方式竞争，限制人们用那样的方式竞争。

孟子讲得好："尽信书，不如无书。"是的，尽信书本和老师讲的，这大学不如不读算了！

问题要达、要浅、要有不同答案的可能性

要学会问问题。问题要达、要浅、要重要,要有不同答案的可能性,这是张五常教授的看法。

是的,"问题问得好,答案往往得了过半。"

第一,问题要一针见血。据说,这是弗里德曼的拿手好戏。你问他一个问题,他喜欢这样回答:"且让我改一下你的问题。"他一改,就直达你要问的重心。我们凡夫俗子,仿效的方法就是对一个问题用几种形式去发问,务求达到重点之所在。

第二,问题要问得浅。据说,这是阿尔钦的专长。谈起货币理论,他问:"什么是货币?为什么市场不用马铃薯作货币?"当经济学界因为效用的度量困难而热烈争论时,阿尔钦问:"什么是效用?什么是度量?我们用什么准则来决定一样东西是被度量了的?"这是小孩子的发问方式。后来阿尔钦找到了举世知名的答案:度量不外乎是以武断的方式加上数字作为衡量的准则,而效用只不过是这些数字的随意定名。

张五常的"佃农理论"就是由几个浅问题问出来的。传

统理论认为，地主以分账的方式征收租金，就如政府征税一样，会使农民减少努力生产的意向，从而使生产下降。张五常问："既然生产下降，租金就减少了，为什么地主不选用其他非分账式的收租办法？""假如我是地主，我会怎样办？假如我是农民，我又会怎样办？"这一问，就问出了张五常著名的佃农理论。

租被定义为成本之上大小变化不影响供给的收入。我问：大小变化不影响供给，那岂不是有人花了冤枉钱，有人吃了免费午餐？这一问，租这个概念不仅错误，而且多余。

第三，要判定问题的重要性。张五常讲：判断问题的重要性并不太难。你要问："假如这问题有了答案，我们会知道些什么？"若所知的与其他知识没有什么关联，或所知的改变不了众所周知的学问，问题就无足轻重了。

有很多问题，不仅不重要，而且是蠢问题。什么是蠢问题呢？若问题只能有一个答案，没有其他的可能性，那就是蠢问题了。若问题是经济学基础假设的题中之意，那也是蠢问题。诚如弗里德曼所言："试图从经验上估计企业的生产成本是否最低是愚蠢的，因为根据定义，企业的生产成本总是最低的。"同样的道理，试图证明经济是否有效率也是愚蠢的。"考虑了所有的约束条件，经济总是有效率的。"这也是定义性规定。

是的，问垄断是不是低效率的，问家族企业是不是低效率的，问计划经济体制是否实现了资源的最优配置，这些统统都是愚蠢的问题。

你讲全球化，不一定是大问题。我讲为什么冬天菜价上涨了，麻辣烫却不涨价，不一定是小问题。你讲振兴老工业基地，不一定抓住了问题的实质。我讲何以一二产业凋零，而第三产业发达，倒可能抓住了问题的根本。是的，重要的问题常常要从小处看。

要与高人过招

说我自己的故事吧。

多年前,我开始学下围棋,那时总是被人让两三子。后来我去北航进修学习,同楼住着一位业余五段,我们班又有一位业余二段,所以能经常看到两位高手下棋。他为什么在这个地方拆一呢?几手后,十几手后,啊,原来如此!似有所悟,又不甚明了。偶尔也跟他们下盘让子棋。自觉没有问题的棋,被人家投下一子,顷刻间形势就发生了逆转。那棋子哪里是投在了棋盘上,分明是扎在了心尖上。就这样似明白不明白、偶尔也痛上一把地过了一年。一年后,我回到原单位。工会举行教职工围棋比赛,很意外,我得了二等奖。

我于是得出结论:我的确是臭棋篓子,但这是因为没有高人的缘故嘛!

是的,要与高人过招,没有条件也要看高人过招。做学业也一样。

高人难遇,不得已而求其次,读书。书不需要读很多,但需要找精彩的来读。要读高人的书。

张五常教授是高人。读张教授的书，你能明白为什么"了解世界"是重要的，你能理解约束条件在经济分析中的意义和重要性，你也能对"直向浅中求"和"经济解释"有一番领悟。读张教授的书，总能给你别样的启迪。

科斯教授是高人。"既然市场是有效的，那为什么要企业？"他问得怎么这样浅呢？

德姆塞茨教授是高人。读了他的文章，你就会抛弃那些关于公司治理的流行教条。

张维迎教授是高人。读张教授的文字，你总可以感觉到什么是大智大慧。

林毅夫教授是高人。关于传统计划经济体制的形成和经济转轨竟有如此逻辑一致的解释。

周其仁教授是高人。他是了解世界的。诚如张五常讲过的，因为对一个实例下过足够的功夫，盲拳也可以打倒老师傅。

我的老师李平教授是高人。他总是问我，你的问题是什么？你那个问题是大（large）问题，但不是大（big）问题。经他这么一问、一讲，我就明白：原来，问题，才是首要的呀！问题不贵大，而贵重要；不贵深，而贵浅。浅，才具有一般性，也才是重要的呀！

是的，能遇高人是幸运的！高人难遇，但毕竟还是可遇的！

有人说：有的人肚子里有东西，但讲不出来。这叫茶壶煮饺子，肚里有倒不出。有的人学问不高，但讲课很受学生欢迎。对此，我是不能完全同意的。没有真功夫，可以打出些花拳绣腿；没有真学问，可以把课堂搞得热热闹闹。从这个意义上来说，大学生评教可能不一定十分准确。但是，一个学得通透的人，一个真正有学问的人，怎么可能把问题讲不清楚明白呢？

张五常教授讲得好："大学生选课，是应以讲者的学问为依据的。跟一个学问渊博的讲者学习，即使学得十之一二，也能终身受用。但跟一个平庸的讲者学习，即使学得十之八九，也是不够用的。"

要依对象而选择学习方法

我在中小学是不知道怎样读书的,也没有书可读。课本,尤其是那个年代的课本,又有谁愿意去读呢?我的理科一直很好,但文科却一塌糊涂。最怕的要算作文了,一直都怕。不考作文,我的语文课可以得八十分;但加了作文,及格就算庆幸了。长大了,又怕起写信来。真是羡慕别人,不一会儿的工夫可以写出洋洋数千字的信来。再后来写硕士论文,导师说我文字不通顺。每递上去一稿,导师都对文字做多处的修改。

偶然的机会,读了些唐诗宋词,读了些名家的散文。原来,自己也是很喜欢的。因为没有功利的目的,并不刻意去背,只是闲来就放声朗读。学习之余,这种放声朗读是一种极大的放松。

这样,一读就是三年。三年中,我背下了不少名篇。三年中,我开始给报纸写文章了。

有一天和导师交谈,她说我文字上长进很大。我不知道,这是夸我,还是批评我。但博士三年半,我的文字确有长进。这不是说我的文字就好了,文采斐然了,而是说比原来有长进。

我在想，学语言、文学、艺术是不同于学科学的。学科学需要理解。学数学、学物理、学化学，那是需要理解的。不理解这一步，就不能理解下一步。不理解，生生地背下来是没有用的，也是不可能背下来的。

但学习语言、文学、艺术就不同了。这些东西，不需要理解，反复地读，反复地听，自然就会记下来。没有理解，记下来当然没有用了。但是，长大了一些，自然就懂了，自然就理解了。这个时候，过去记忆的东西就大有用处了。这就是在不知不觉中学，在轻松中学。语言、文学、艺术这些东西，是那么轻松愉快的事，怎么可以搞得那么累呢？学母语，我们累吗？一定不累的。小时候，母亲哄我们睡觉时唱的歌谣，我们刻意学了吗？没有，但我们会唱。怎么学外语就那么累呢？所以，一定是方法不对头。读中学的时候，老师总告诉我们"默记效果好"，有些时候不让我们高声朗读课文。如今想来，那应该是错了。

学音乐，不需要刻意去听，不需要刻意去弹。吃饭的时候，玩耍的时候，作为背景音乐放一放就可以了。当然，要放经典的曲子。听得多了，长大一点，你不叫他（她）唱，他（她）忍不住要去唱；你不叫他（她）弹，他（她）忍不住要去弹。学写作，不需要刻意去学什么写作之法，读得多了、看得多了、背得多了，自然就会写了。"熟读唐诗三百首，不会写诗也会诌"，讲的就是这个道理。学外语，也是不需要那么多刻意的，走路的时候、吃饭睡觉的时候，听一听磁带，不需要字字都听懂，不需要听什么艰难深奥的，听些简单的、生活中的用语就可以，多和人交流，自然可以学好。

我不教外语，也不教写作，但我要求我的学生耳边随时挂着随身听，我要求我的学生一个月背两首唐诗宋词，熟读一篇经典散文。想想吧，四年下来，十年下来，那会是怎样的结果呢？他们不一定成为语言高手，但一定能熟练运用一门外语；他们不一定成为写作大师，但一定是写文章高手。再想想吧，这一切都是在不知不觉中、在轻松愉快中完成的。

我苦口婆心，要我的学生一点一滴把微观经济学和宏观经济学搞懂，因为经济学是科学，学习科学是需要一步一步、点点滴滴积累的。我苦口婆心，要我的学生一点一滴把微观经济学和宏观经济学学好，因为只有这样，学习经济学才是轻松愉快的。这是用心良苦了。

文章要"倒着读"

做研究是摸着石头过河,探索着往前走,但文章常常是"倒着"写出来的。我们不是为读书而读书,而是要通过读书来提升自己的研究能力,所以文章就必须"倒着读"。所谓"倒着读",就是还原到原始的研究过程中去读。

例如,教科书上讲数学期望,一般只是简单地这样讲:定义 $\sum x_i p_i$ 为随机变量 X 的期望值,用符号 $E(X)$ 来表示,其中,x_i 是随机变量 X 的取值,p_i 是随机变量 X 取值 x_i 的概率。随机变量的期望值代表了随机变量的平均值取值。

这是写文章,是把原始的研究过程"倒着"写出来。原始的研究过程是:在真实世界,我们可能十分关心随机变量的平均取值。如果随机变量 X 的所有可能取值为 $x_1, x_2, x_3, \cdots, x_n$,那么我们如何确定它的平均取值呢?容易想到用算术平均 $(\sum x_i)/n$ 来刻画这个平均取值。

理论上讲不是不可以,但这不是最好的刻画。正如我们不会简单地以各种商品的价格做算术平均来确定经济的 GDP

平减指数，我们也不会选择用算术平均来刻画随机变量的均值。因为不同商品在经济中的重要性不一样，价格指数的计算要反映这种相对重要性才有意义。一般会选择各种商品的产量做权因子，用加权平均来计算价格指数。这里，随机变量取各种可能值的概率正好反映了它们的相对重要性，以这些概率做权因子，用加权平均 $(\sum x_i p_i)/(\sum p_i)$ 来刻画随机变量的平均取值就是可取的。因为 $\sum p_i=1$，所以这个平均取值就是数学期望定义的表达式了。

我认为，数学期望的概念应该这样来讲，数学期望的概念应该这样来学。

同样的道理，我们讲方差，是不可以简单地定义 $E[X-E(X)]^2$ 为随机变量 X 的方差，说它刻画了随机变量的分散程度，然后草草了事。这是事后的讲法，表达的只是前人研究得来的结果。从教和学的角度来讲，更为重要的是把前人构造这个变量的历史过程展现给学生。

一定要这样讲。我们知道了随机变量的均值，现在问，如何刻画这个随机变量取值的分散程度呢？由于均值是随机变量取值的"重心"或者"中心"，自然，我们会想到用随机变量的可能取值与"中心"的平均距离来刻画该随机变量取值的分散程度。如果 $\sum |x_i-E(X)| p_i$ 大，则该随机变量取值的分散程度就高；如果 $\sum |x_i-E(X)| p_i$ 小，则该随机变量取值的分散程度就低。

这个变量很好地刻画了随机变量取值的分散程度，也是人们最容易想到的刻画随机变量取值分散程度的指标。然而，从数学的角度看，绝对值不容易处理，比如不便做四则运算，人们就用 $\sum [x_i-E(X)]^2 p_i$ 来刻画随机变量取值的分散程度，于是就有了教科书上所讲的方差的定义。

从教科书上讲，假设 $(X_1, X_2, \cdots, X_n)$ 是从总体 X 中随机抽取的一个样本，那么定义 $\overline{X}=\sum X_i/n$ 为样本均值，它是总体均值的一个很好的估计量；定义 $S_X^2 = \sum (X_i-\overline{X})^2/(n-1)$ 为样本方差，它是总体方差的一个很好的估计量。

我告诉我的学生，除非你是神经病、疯子，否则你怎么会想到定义样本方差为 $\sum(X_i-\overline{X})^2/(n-1)$，然后用它来做总体方差的估计量呢？我们容易想到用样本方差去做总体方差的估计量，我们也容易想到定义样本方差为 $\sum(X_i-\overline{X})^2/n$，但是我们很难想到直接定义样本方差为 $\sum(X_i-\overline{X})^2/(n-1)$，然后用它去做总体方差的估计量。

真实的研究过程很可能是，人们定义样本方差为 $\sum(X_i-\overline{X})^2/n$，然后尝试着看它到底是不是总体方差的一个好的估计量。试的结果是不够好，于是人们进行调整，调来调去，最后调出了教科书上的样本方差的定义。因为无论是 $\sum(X_i-\overline{X})^2/n$，还是 $\sum(X_i-\overline{X})^2/(n-1)$，都能很好地刻画样本取值在其均值周围的分散程度，而 $\sum(X_i-\overline{X})^2/(n-1)$ 又能更好地估计总体的方差。

其实，科学研究更多的就是这种不断的探索和试错的过程。

我经常对我的学生讲，你们不要以为科学家就一定智商超人，其实他们更多的还是平常人。言下之意，如果我们方法对头，又具有不断探索的精神，那么我们很多人也是可以成为科学家的。

当年我讲数学课的时候，就努力地在事前不去演例题，而要把自己解题的过程原始地展示给学生。这样做，虽然难免会有演不下去的时候，但我认为老师应该把自己思维的过程展示给学生，包括把自己犯错误的过程展示给学生，而不是只展示一个事先精心准备好的"完美"答案。记得有一次上课，恰巧系里的书记来听课，有一道题我就演不下去了。课后书记关爱地对我讲："谢老师，你是咋回事，你不应该是这样的呀！"我当然知道，我本来是可以不这样的。几十年过去了，今天，我的这个毛病还是没有完全改过来，只是不讲数学了，表演的机会少了，也由于随着年龄的增大，脑子没有年轻时灵活，越来越没有信心做这样的表演了。

正是基于上述理念的缘故，我历来就不相信自己没有做过好的研究工作，却可以成为一个好的大学老师。不做原创性科学研究，难道应用性研究也不做吗？

据说，芝加哥大学的戴维德教授终其一生都不写文章。但我不认为不写文章就是不做研究。如果教科书的每一个概念和原理我们都能这样讲，那么怎么不能做出好的研究？反过来，我倒是更愿意相信，一个不能做出好的研究的人，是不可能这样来讲教科书上的各种概念和原理的。我历来坚信，一个学得通透的人是不可能把问题讲不清楚明白的。张维迎院长在光华单以学术来做教师的评价标准,我认为是有一定道理的。所以,应该怎样带研究生呢,要让他参与到你的研究中去,在你研究的过程中去带研究生。今天我们一些人,一个人带十几个、几十个研究生,不由人不多想,这是带研究生吗?也不由人不多想,中国的高等教育到底是怎么了?

时刻不要忘记问"为什么"

我在这里谈论的学习方法，不是学习文学、艺术和宗教的方法，而是学习科学的方法。我并不是要在科学和非科学之间做出高下、重要不重要的区分。我倒是更愿意相信，仅仅有科学是不会给我们更多幸福的。但是学习科学的确有一些特别的地方。学科学，最重要的不是知其然，而是知其所以然，所以我们务必要养成多问"为什么"的习惯。当然，如果我们总能回到研究的原始过程中去，那么"为什么"的问题也就回答了。但是这样做毕竟费时费力，很多时候不值得我们这样下功夫。退而求其次，我们就要多问"为什么"。

我们总讲批判精神，那么批判精神到底是从哪里来的？其实，批判精神就是从我们多问"为什么"中培养起来的。今天，我真心觉得自己是富于批判精神的，我也真心觉得自己的批判精神是从多年养成的多问"为什么"的习惯中培养起来的。

当年在南充师范学院数学系读书的时候，系主任是顾永兴教授。大家口口相传，顾老师学问了得，但是不善于讲话。据说，他和杨乐、张广厚是同学，学问自然了得。据说，即便系里开会的时候，他也不怎么讲话，多数时候由邓坤贵老师代其讲。顾老师给我们讲《复变函数》以及进一步的提高课《值分布理论》，他的数学思维清楚绝伦，但的确一句多余的话也没有。不像我今天讲课，时不时要在课堂上讲一点相关或者不相关的话题，以活跃课堂气氛。

他是江苏人，满口江苏口音。在他的课堂上，听到最多的就是他那满是江苏口音的"为什么"。那个时候，因为大家都说他是高人，我们就争着向他请教问题。也因为大家都说他是高人，事前，我们总要对问题思考了又思考，做了充分的准备然后再去问他。而他呢，从来都是听你讲，时不时地用他那浓浓的江苏口音问你"为什么"。

几个"为什么"下来，你觉得似有所悟，又觉得实在是自己想得不细致，于是告别老师，带了问题回去思考，一路上视一切如无物地思考着走回去。过了一段时间，觉得这个问题想得差不多了，再去问他。而他，给你的依然还是那带着浓浓江苏口音的"为什么"。

二十年过去了，因为自己早已不搞数学了，所以已经不记得当年老师在课堂上都讲了些什么，也记不清楚自己当年都问了老师些什么问题，记得住的，是顾老师那带着浓浓江苏口音的"为什么"。

后来我读书，就总忘不了问自己"为什么"。这个"毛病"是改不过来了，就连看小说，都快不起来。今天我自己教课，就总忘不了问学生"为什么"。

教科书上讲，如果 $P(AB)=P(A)P(B)$，那么随机事件 A 和 B 就是独立的。我问，为什么 $P(AB)=P(A)P(B)$，事件 A 和 B 就是独立的呢？我的意思是，为什么 $P(AB)=P(A)P(B)$ 就刻画了随机事件相互独立的性质？

教科书上讲，定义随机变量 X 和 Y 的协方差为 $cov(X,Y)=E\{[X-E(X)][Y-E(Y)]\}$，它度量了两个随机变量是如何共同变动的。如果协方差为正，那么两个变量同方向变动；如果协方差为负，那么两个变量反方向变动；如果协方差为 0，那么表明变量之间不存在线性关系。我问，协方差为正，两个变量同方向变动，协方差为负，两个变量反方向变动好理解，问题是协方差为 0，怎么就说明两个变量之间不存在线性关系了？

教科书上讲，在事件 B 发生的情况下，事件 A 发生的概率叫作在事件 B 发生的条件下事件 A 的条件概率，用符号 $P(A|B)$ 表示，计算公式为 $P(A|B)=P(AB)/P(B)$。我问：为什么 $P(AB)/P(B)$ 就刻画了事件 B 发生的情况下事件 A 发生的概率？

我坦诚地告诉学生，我不能告诉你们为什么 $P(AB)/P(B)$ 就刻画了事件 B 发生的情况下事件 A 发生的概率。我可以去搞清楚这个"为什么"，但是我懒得去搞清楚这个"为什么"了。

我告诉我的学生，虽然我不能告诉你们为什么 $P(AB)/P(B)$ 就刻画了事件 B 发生的情况下事件 A 发生的概率，但是我可以告诉你们，其实条件概率和非条件概率并没有根本的不同。因为 $P(B)=P(B|\Omega)=P(B\Omega)/P(\Omega)$（$\Omega$ 是样本空间），所以我们可以把非条件概率视为是样本空间发生条件下（样本空间是必然

事件，必然发生）事件 B 发生的概率。

同学们似有所悟，又不甚了了。我倒得意起来，是不是这就是好老师呢？一些问题老师总要三言两语把它讲清楚，一些问题老师反而应该讲不清楚才对。三句话讲不明白的问题，老师就要坦诚地告诉学生，"自己不会、还不懂"。我历来反对的是，老师讲了半天，学生还是没有听懂，然而老师还在那里讲个不停。因为一般来说，这种情况要么是老师没有把问题搞通透，要么是不懂因人施教，讲了不适合的内容或者还没有找到适合的讲授方法。

没错，很多时候，我们并不需要花时间去搞清楚所有的"为什么"，或者更准确地说，是不值得花时间去搞清楚所有的"为什么"。但是，不需要花时间去搞清楚所有的"为什么"，不意味着我们在读书的时候就可以忽视这里或那里存在着的"为什么"，不意味着我们就可以不养成问"为什么"的习惯。不去搞清楚其中的"为什么"或者懒得去搞清楚其中的"为什么"是一回事，你没有意识去问、去发现这样的"为什么"又是一回事。

所以我给我的学生讲，你们读书的时候，一定要手里拿着笔，不停地在书上划"？"、批"为什么"。你可以懒得去搞清楚这些"为什么"，但是不可以不意识到这里或那里存在着的"为什么"。到了我这个年龄，你们才可以连"为什么"也懒得去问，因为那个时候，问"为什么"的习惯已经深入你的骨髓里了，你怎么读书，也不会放过应该思考的细节。

学问之道是求同而不是存异

写文章，要尽量把自己与他人相区别。这是存异，不是求同，是为了发表的需要。但是从增长学问的角度看，要点却不是存异，而是求同。

求同是什么意思？就是把理论一般化来看待。高小勇总编曾经多次跟我讲，要一般化地看问题。2003年我在深圳拜见张五常教授的时候，他给我讲了四点：一是要学好数学；二是要学好英语；三是看一看马歇尔的《经济学原理》，他说马歇尔的架构很好；最后一点，还是一般化的问题。

老实说，要我听懂张教授的那一口粤味普通话是困难的，而更重要的是，当时我根本就赶不上他那快如闪电的思维。尽管如此，他强调的这四点我还是牢牢记在了心中。

2005年，在张五常教授七十寿辰庆典上，周其仁教授有过一番意味深长的讲话。周教授在学界是公认的善于讲话的人，他的原话我当然学不出来，大意是：一般高手的文章，看一两篇也就大约知道其余了。但是张教授的文章，篇篇新颖别致，然而究其实质，他又总是有一个收敛着的中心。他的所有文章，在精神上和理念上又是完全一致的。

其实，这种一致性正是高度一般化的产物。

我以为，学术上高手和低手的区别就在于有没有这样的收敛中心，就在于在精神上和理念上能不能做到连贯一致，能不能做到一般化。

连贯一致、一以贯之，看起来容易，做起来并不容易。远的不说，主流经济学在正确地定义了成本是放弃的最高代价之后，在其后的各种分析中，几乎都错误地拿历史成本当成本了。这就是不容易一以贯之的最直接的例子。

我们有些人，左边来了问题左拳打，右边来了问题右拳击，上边来了问题用头顶，下边来了问题用脚踢，殊不知，把这些分析放在一起看，原来它们是矛盾的、彼此是互不相容的。这样的人，低手无疑矣。我的一个学生，听了我几场报告，然后上网去查看了一些我的文章。有一天，她跑到我的办公室，对我说："老师，您写了那么多文章，其实来来回回讲的只是产权和交易费用。"我眼睛一亮，认定她是可以学好经济学的，要她考我的研究生。但她坚持报考外校的研究生，可惜后来落榜了，这事至今还让我觉得遗憾。

朋友，不要以为只有污染才是社会成本问题，难道垄断就不是社会成本问题了？我们千万不要以为"合成谬误"就不是社会成本问题，"囚犯难题"就不是社会成本问题，其实在根本上，它们讲的无一不是社会成本问题。我曾和导师穆怀中教授一道写文章说明科斯定理、"合成谬误"、"囚犯难题"讲的是一回事情，然而，"合成谬误"和"囚犯难题"的传统讲法却与科斯定理相违背。这事赞成的人不少，但就是没多少杂志愿意发表，最后只好发表在《河北经贸大学学报》上。

我们也千万不要以为"合成谬误""囚犯难题"只是经济学的逻辑游戏，并不具有特别的重要性，要知道，对于它们的不同理解将导致我们对一些重大经济问题产生根本不同的看法。例如，如果"合成谬误"的传统讲法真的成立，那么我们就会得出失业是宏观问题、必须由政府采取措施加以解决的结论。而一旦我们在更为一般的意义上看问题，否定了"合成谬误"的传统讲法，我们至少不会得出失业是宏观问题，必须由政府采取措施加以解决的结论。

高度一般化的能力，也是透过纷繁复杂的表象看事物本质的能力，这在任何学科、任何领域都是极端重要的。我且用一个数学例子来说明。

在数学上，我们经常要利用分部积分的办法来计算一些积分。分部积分的公式是 $\int u(x)v'(x)dx = u(x)v(x) - \int v(x)u'(x)dx$，不过实际计算的时候需要我们判断，视被积函数的哪一部分为 u，然后将其余部分视为 v'，才能运用公式进行积分计算。由于被积函数各不相同，千变万化，似乎并没有做这种选择的一般方法。但是，假如我们不是关注于被积函数的具体形式，而是在更为一般的意义上看问题，那么我们就能找到做这种选择的一般方法。

公式的实质是将积分 $\int u(x)v'(x)dx$ 转化为积分 $\int v(x)u'(x)dx$

来计算，于是核心一点，积分 $\int v(x)u'(x)dx$ 要比积分 $\int u(x)v'(x)dx$ 简单易算才行，也就是 u' 要比 u 简单，v 又不能比 v' 复杂。不妨简单地考虑 u' 要比 u 简单，越简单越好，于是我们就找到了选择 u 的一般准则。

例如计算积分 $\int x\,arctgx\,dx$，选择 $u=x$，则 $u'=1$，u' 比 u 简单；选 $u=arctgx$，则 $u'=1/(1+x^2)$，u' 比 u 简单。虽然无论选 $u=x$，还是选 $u=arctgx$，u' 都比 u 简单，但是很显然，从 x 到 1 和从 $arctgx$ 到 $1/(1+x^2)$，后者从繁到简变动更大，也就是说，选择 $u=arctgx$，u' 比 u 更为简单，于是我们选择 $u=arctgx$，可以这样计算该积分：

$$\int x\,arctgx\,dx = \int arctgx \cdot d\left(\frac{x^2}{2}\right) = \frac{x^2}{2}arctgx - \int \frac{x^2}{2}d\,arctgx$$

$$= \frac{x^2}{2}arctgx - \int \frac{x^2}{2}\frac{1}{1+x^2}dx = \frac{x^2}{2}arctgx - \frac{1}{2}x + \frac{1}{2}arctgx + C$$

如此看问题，我们就找到了解分部积分题目的一般方法。我曾用这个方法试解历年的研究生入学考试题，没有一道不是迎刃而解。我认为，这就是通过纷繁复杂的被积函数的具体形式，把握分部积分的一般化本质的魅力之所在。

我有一位叫吴永辉的同学，中国科学院博士毕业，在美国、日本、德国好几个国家做过博士后研究，我和他聊起学生时代老师给我们布置那么多习题的时候，他说："其实完全不用做那么多习题的。"他这个人含蓄，有修养，不会去直接批评老师。但我知道，这是我们对于过去接受的教育所表达的一种不满。

最重要的是建立理论"基准"

据说，哈佛大学的韦茨曼教授讲，受过现代经济学系统训练和没有经过这种训练的人的区别就在于，前者的头脑中总有几个"参照系"，也就是我们所说的理论"基准"。这样，他们在分析经济问题时就有一致性，就不会零敲碎打、就事论事。

是的，你去读张五常教授的东西，虽然题材五花八门，但是内在的逻辑和理念是一以贯之的。你去读张维迎教授、周其仁教授、林毅夫教授的东西，也是这样。

为什么会这样呢？因为他们有自己赖以做经济分析的理论"基准"。在我看来，科斯定理是"基准"，MM定理是"基准"，阿罗—德布鲁体系是"基准"，（张五常发展了的）租值消散定理是"基准"……几乎每一个诺贝尔获奖理论工作都是在建立某种理论"基准"。

张五常教授对科斯定理有着独到的理解，又发展了传统的租值消散定理，而他对经济学的成本概念的把握则达到了无人能及的高度，所以他的经济分析既别致、有味道，又扎实不虚华。我呢，天赋不及张教授，所以除了在科斯定理、租值消散定理、成本概念上下了一些功夫，还在比较优势原理上下过一番功夫。说来说去，我的脑子里只有科斯定理、租值消散定理、比较优势原理和对成本概念的一些自认为是下过功夫的理解，此外再没有更多一点的东西了。

话说回来，拥有理论"基准"是一回事，怎样用好"基准"则是另一回事。要知道，并不是人人都能用好理论"基准"的。

我们一些人，简单地拿了新古典世界的边际等式到现实世界"运用"一番，然后宣称，这也无效率了，那也无效率了。殊不知，因为真实世界的约束条件不同于标准模型的前提假设，因此标准模型的边际等式是不可能得到满足的。不满足标准模型的边际等式，并不意味着真实世界就是无效率的；相反，如果刻意去满足标准模型的边际等式，那么反倒可能是无效率的。张五常教授大声疾呼："考虑了所有的约束条件，经济总是有效率的。"这事没有人反对，但是呼应的人也不多，弄得他只能戏称自己"一士谔谔"。俗话说"高手看世界是和谐的"，所以哪里有那么多的无效率呢！

一般来说，理论"基准"都是一些无关性命题，就是一种在理想的经济环境下结果与工具或者方式或者资源配置不相关的命题。没有人否认，作为"参照系"和理论"基准"的无关性命题本身就给了我们某种直接的启示。例如，科斯定理就给予我们低交易费用下外部效应问题存在市场解的直接启示。不过就这些无关性命题来说，要点不是对其直接加以应用，而是在其基础之上加入约束条件找到变量之间的因果关系或者相关关系，最终得出相关性命题来。

正是在这个意义上，张五常教授讲：科斯的贡献并不在于什么定理，而在于促使我们关注约束条件。张五常教授也正是从这个意义来批判格雷欣定律的。他要表达的是，在理想的经济环境中，劣币和良币的收益率是相等的。这是一个无关性命题。在这个无关性命题之上，加入正交易费用或者收币的人不能拒绝付币人用劣币支付的约束条件，总可以得到劣币驱逐良币的结论；而加上收币的人可以拒绝付币人用劣币支付的约束条件，又可以得到良币驱逐劣币的结论。因此，如果我们承认劣币驱逐良币是定律的话，那么就得承认良币驱逐劣币也是定律。而如果这样的结论真的算作定律的话，那么每一个事件都要对应一个定律；如果经济学充斥着的是这样一些定律，那么不仅是无趣的，也是极不深刻的。

是的，我们将某个新的因素加入进来，然后与"基准"进行比较，就可以观察新因素的作用机制和效果了。我们以MM定理为参照，看现实中是什么违反了这一定理的假设条件，就知道是什么因素使得不同的金融工具收益不一样了。我们以科斯定理为参照，看现实中是什么违反了这一定理的假设条件，就知道是什么因素使得产权与效率相关的。

但也必须要强调，加入了某个新的因素后，模型的结构可能会有根本的改变。例如，加入正交易费用的约束后，零交易费用经济学模型的结构就有根本的改变。

我们总讲创新，然而，困难不在于说明创新如何重要，而在于怎样才能创新。其实，创新本身也要求我们必须建立起自己的理论"基准"和"参照系"。

我给学生讲：你不能完全沿着别人的思路走，然后超越前人。这在芝加哥大学、哈佛大学、斯坦福大学是可能的，但在我们学校可能性不大。怎么办？你可以用你掌握的"基准"去观察别人研究的问题。因为你们的视角、方法不一样，看到的和发现的也可能不一样。

我和导师穆怀中教授用科斯定理去观察"合成谬误"和"囚犯难题"的传统讲法，结果发现它们与科斯定理竟然是矛盾的。这是不是创新呢？

以科斯定理的理念来看社会成本问题，我们就会得出结论：在一些情况下，听任外部性发生，听任私人成本与社会成本分离，反而是有效率的；在一些情况下，私人之间的合约安排，就可以解决私人成本与社会成本分离的问题；而由于不同的行为有着不同的交易费用，不同的行为主体做相同的事情有着不同的交易费用，因此科斯定理并不否定在一些情况下，政府出面解决外部性问题反而更有效率。核心在于交易费用的性质和大小，它使我们不能一般地指出哪些外部性本身就是效率的体现，哪些外部性通过私人之间的合约就能克服，哪些外部性政府干预将比私人合约更有效率，因此，政府的经济作用就变得不那么清晰了。我把这样的思想平移到关于垄断的分析上去，会有创新的效果吗？

总有人问我，你的研究方向是什么？我说交易费用经济学，以交易费用经济学特有的视角，可以研究很多问题。我历来反对简单地以问题导向来区分研究方向。你不能说，你研究老工业基地，这就是你的研究方向；你不能说，你研究"三农"问题，这就是你的研究方向。核心在于你是怎样研究这些问题的，你的视角是什么，方法是什么，架构又是什么，即你是以怎样的理论"基准"和"参照系"来研究这些问题的。这才是最为重要的。

什么课程认真学有讲究

人的精力总是有限的，所以我们不能什么课程都认真学习。古人就讲：凡事都认真对待，必以惨败而告终。而且我衷心地认为，有的课不学有益，学了反而有害。年轻人思维没有定型，受到了好的影响，可以发展得很快，但是受到了坏的影响，可能改都改不回来。所以"开卷有益"看来是需要商榷的。书不可以乱读，这在当今尤其如此。

一些事我们必须认真对待，一些事我们反而不能太认真；一些课我们一定要认真学好，一些课我们混个六十分最好。当年读大学的时候，好些课程考试时间不过半我就可以得90分，而另一些课程及格都难。

记得有一次考数学分析，天太热，考试才半个小时，我流鼻血不止。监考老师带我到校医务室好不容易把血止住了，问我要不要继续回去考试。我说不用了。老师一脸惋惜，他不知道我真的不需要。那次考试我得了90分。

而教材教法课呢，考试完后，老师在路上见到我，主动对我说："你已经60分了，就那么得了哈！"言下之意，如果我不及格,老师会给我打及格的。我得声明,我可不是因为跟老师有什么感情和交流,完全是因为他们都知道我是认真学习的学生。

2007年暑假,大学同学在都江堰举行毕业二十年同学聚会,陈国先老师也参加了,岁月沧桑,他已经是七十多岁的老人了。二十年不见,他竟然一下子叫出我的名字来。我万分感动,但这也足显我当年是认真学习的。要知道,陈国先老师给二班讲实变函数与泛函分析,我们一班是邓坤贵老师讲的这门课,陈老师并没有给我上过课。

什么课程应该认真学习,什么文献应该认真阅读,是需要老师指点的,这是老师的职责。所以今天我分管研究生,就要求他们三点。

第一,课程体系一定要向国际一流大学看齐。在我看来,教什么远比怎样教重要。必须教给学生正确的、重要的东西,要给他们一个好的架构。有了这个架构,哪怕是自学,学生也可以沿着正确的方向得到较好的发展。反之,如果我们给了学生错误的架构,那就只有与正确的发展方向渐行渐远了。

第二,每个老师主讲一门课,辅讲一门课,一定不要讲太多的课,一定不要什么课都讲。

第三,一些课程我们讲起来有难度,讲不好,没有关系,我们并不要求老师这一学期从头到尾把这门课都讲好。这学期讲三章,下一年再开这门课,在这个基础上再讲三章,再下一年再讲三章。三五年下来,我们就可以把这门课程建设成熟起来。但是必须要教给学生正确的和重要的东西,而不是老师容易讲的东西。今天在中国,因人设课的事情是时有发生的。

当然,从另一方面来讲,也要靠学生自己的际遇。当年在辽大读博士的第一学期,同寝室的是从厦门大学考来的韩太祥同学。他知道我是西方经济学专业的,就对我说:"有一个叫张五常的经济学家,你知道不,蛮厉害的。"其时,我真的不知道有张五常这个人。太祥君不知,他的这一句话,影响了我的一生。

第六章
科学方法

证实和证伪都很奢侈

实证主义者认为,科学是一套被事实证实的理论。流行的说法是:真理要接受实践的检验。

这种观点说起来简单,做起来相当不容易。天鹅都是白色的,这个理论简单吧,但你想证实这个理论是很困难的,因为你永远无法观察到所有的天鹅。很多科学命题都是全称判断,由于没有办法枚举所有情况,因此证实基本上是不可能的。

但证伪似乎容易一些。还是以天鹅都是白色的为例,只要你发现一只黑天鹅,这个理论立刻就被证伪了。后来人们真的就发现了黑天鹅。

对于一个全称命题来说,只要找到一个反例,就证伪了这个命题。证伪难道不是相对容易的事情吗?然而实际情况是,多数情况下证伪也很困难,甚至和证实同样困难。

在"日心说"提出之前,人们认为地球处在宇宙的中央,并且是静止不动的。但按照哥白尼的观点,地球不仅围绕着太阳转,而且还围绕着地轴自转。

于是，有人跑到一座高塔上，从塔顶往下扔一块石头，如果地球会自转的话，那么等到石头落地的时候，这个塔已经跟着地球转动了一点，所以石头肯定不会落在塔的地基上。但实际上，石头是落在塔的地基上的。那么，这个试验证伪"日心说"了吗？没有，因为当时的人们还不懂惯性这个概念，这位试验者漏掉了惯性这个因素。

根据牛顿力学，可以推算某行星的运行轨迹，当观察到该行星的运行轨迹与计算结果不相符时，是否就能证伪牛顿力学？不能，因为科学家可以认为在该行星的附近可能有新的行星，只是因为新行星比较小，无法用现在的天文望远镜观测到，需要用更好的天文望远镜进行观察。事实上，海王星就是这么发现的。

如果科学家没有发现新行星，那么是不是就证伪牛顿力学了？还是没有，因为还能设想其实小行星是存在的，只不过小行星被附近的宇宙尘埃遮蔽，以至我们无法观察到。他们建议发射卫星，以避开宇宙尘埃。如果结果还是不如人愿，那么科学家也未必放弃牛顿力学，他们还可以借口观测受到了电磁场的干扰，以至出现偏差。以此类推，直至无穷。

经济学家戴维纽·马克和威廉·瓦舍于2006年对超过百篇实证论文进行综述研究，得出的结论是：虽然最低工资标准的提高增加了失业的证据占多数，但是也有经济学家宣称，最低工资的提高对于就业并无显著影响。

反对最低工资法的人可以说：虽然在某个国家或者地区

的确实施了最低工资法，但是在实施的这段时间，恰好发生了重大的技术进步，比如互联网时代到来造就了更多的工作岗位，从而掩盖了最低工资法所带来的负面影响。但这样就能反驳支持最低工资法的人吗？后者也可以说：观察到的实施最低工资法后的就业减少，并不是最低工资法本身造成的，而是在实施最低工资法期间，出现了气候变暖等不利于经济的因素。由于其他因素无穷无尽，因此这种扯皮也就没有尽头。

可见，在无法做可控实验的情况下，经验既不能证实一个理论，也不能证伪一个理论，证实和证伪都是奢侈的事情。换言之，实践不能检验真理，只有（可控）实验才能检验真理。

经济学无法做可控实验，这就意味着，利用经验事实证实、证伪经济理论基本上是不可能的。然而遗憾的是，在当今经济学界，人们热衷于搞经验分析，宣称：他们发明了新的统计技术，能够控制住其他变量，可以达到可控实验的效果，因而可以通过经验分析得出理论含义。

可是，从戴维纽·马克和威廉·瓦舍的综述研究看，同样是经验分析，产生了两种相反的观点。那么，经验研究到底能证明什么呢？也许真如科斯所言："如果你严刑拷打数据，只要时间足够久，你让它招什么都行。"因此，在社会科学的研究中，不管数据处理得多么漂亮，都只能作为"据"，不能替代"论"，最终真正让人信服的，还是逻辑和故事本身。

经济学是关于选择的学问，而替代选择常常并不真实出现，因此经济研究常常是拿现实和并不真实存在的替代选择进行比较。那么，经验证明还有多大的用武之地呢？例如，哈伯格、莱本斯泰因等人用经验研究的办法证明垄断导致高价格、高成本。可是，既然是垄断，就意味着替代选择没有出现，那么怎么通过经验比较，证明垄断导致高价格、高成本呢？

一个政策出台后，既会产生明显的影响，也会产生潜在的影响。能够统计的，都是那些摆在明面上的，对于那些并不显而易见的事情，又怎么办呢？例如，实施退林还耕，看得见的是粮食种植面积扩大了，但在这个过程中因为对于产权的破坏而对其他方面的影响怎么统计？

巴斯夏极其睿智地指出："一个杰出经济学家和一个糟糕经济学家之间的区别只有一点，糟糕经济学家仅仅局限于看到可以看得见的后果，杰出经济学家却能同时考虑可以看得见的后果和那些只能推测到的后果。"而那些看不见的后果，只能通过推理和思考得到。

更为麻烦的是，在某些情况下，什么叫事实恐怕都难以达成共识。例如，正常人和色盲者看到的就不是一样的世界，人和蜜蜂看到的也不是一样的世界。我们认为花是五颜六色的，但实际上各种颜色是不同波段的电磁波。因此，不是经验证实、证伪理论，而是事实是什么，反过来依赖于我们用什么理论去观察世界，正所谓你有怎样的理论，便有怎样的世界。

证伪主义的真实含义

证实和证伪都是奢侈的事情，在无法做可控实验的情况下几乎都是无法完成的。但是，对于直接解释、预测现实现象和行为的各类学科，让理论接受事实的检验又是必要的。

应运而生的是波普尔的证伪主义。大家不要望文生义，认为证伪主义就是证伪一种理论，这其实还是实证主义的思路。证伪主义的真正含义是可证伪，即理论有被证伪的可能性，但暂时又没有被证伪。可证伪和已经被证伪不是一回事。所谓科学理论，就是那些可证伪但又还没有被证伪、暂时经受住了事实检验的理论。没有可能被证伪的理论不可能是科学理论。张五常教授就讲：科学不是求对，也不是求错，而是求可能被事实推翻，但又暂时没有被推翻。

按照证伪主义的标准，经济学可以假设人是利己的，也可以假设人是利他的，但是不能假设人既可能利己，又可能利他。假设人是利己的，那么可以推断：地上有50元钱，四周又没人，你会把钱捡走。如果没有人捡，那么利己经济学就被证伪了。假设人是利他的，那么可以推断：钱不会被捡走。如果被捡走了,那么利他经济学就被证伪了。但是,如果假设人既可能利己,又可能利他,那么就没有办法证伪了,因为他总是"对"的。钱被捡走了,他说人是利己的;钱没有被捡走,又说人是利他的。

经济学之所以选择假设人是利己的,是因为从利己假设可以推导出利他行为,解释力更强。亚当·斯密开创的现代经济学就是要证明:在市场机制(看不见的手)的作用下,利他是最有效的利己手段,个人追求私利是社会福利最大化、最可靠的保证。

按照证伪主义的标准,建立在有限理性假设基础上的行为经济学就不可能是科学。因为假如我做了正确的事情,你说我理性,我做了错误的事情,你又说我有限理性,你总是对的。

可证伪,就意味着这个理论的前提条件和逻辑结论都是清晰的。而如果一个理论不可证伪,那么或者其前提条件,或者其逻辑结论,必有一个模糊不清,因此自然就不可能是科学。

可能被证伪,但暂时又没有被证伪,当然不能说明理论就是正确的。因此,证伪主义不是检验理论真伪,而是检验理论是否适用于现实。弗里德曼在其《实证经济学方法论》一文中就曾指出:经验只能选择理论,不能验证理论。

例如,在罗巴切夫斯基的《非欧几何》中三角形内角和小于180度,可是我们观察到的三角形内角和都等于180度,那么是不是就证伪了罗巴切夫斯基的《非欧几何》？没有，只能说这个理论不适合我们所处的现实空间，换了太空，它又是适用的。

在无法做可控实验的情况下，经验只能选择理论，不能检验理论。可在如今的经济学界，不做经验研究似乎就不是经济学研究。甚至，很多人直接根据经验研究得出政策含义。这方面的例子多如牛毛，我就不具体列举了。

即使明白在无法做可控实验的情况下，经验只能用于选择理论，实际做起来也不是容易的事。

例如，经济学中假设人都是利己的，你观察到有人在公共汽车上让座，这是否就证伪了利己假设？未必。你要考察，同样是这个人，在长途汽车上他是不是也让座位。经济学假设人都是理性的，你观察到有人对自己的女朋友发脾气，这是否就证伪了理性假设？同样未必。你要考察，同样是这个人，会不会向自己的老板发脾气。

很多时候，我们无法直接检验一个理论，而需要从理论推出一个可检验的含义，然后对这个可检验的含义进行验证，来实现对理论的间接检验。

例如，经济学中假设生产者都争取利润最大化。正如斯蒂格勒所指出的：如果你去调查企业，直接问企业经理是不是追求利润最大化，他一定极力否认，反而跟你说一大通他们的企业很讲公共道德、社会责任感，绝非唯利是图的经济动物，等等。

因此，你应该问他：如果企业的产量比目前的产量高或低，相应的利润会不会降低。如果他做出肯定的回答，那么他实际上就是在追求利润最大化。利润最大化这一假设的一个重要含义，正是产量偏离均衡产量时，利润一定会比均衡利润低。斯蒂格勒的这一例子清楚地示范了在实证过程中，验证的不应该是抽象的理论，而是从理论中推导出来的可以被事实验证的含义。

从归纳到演绎

人类认识自然和社会一般是先有归纳，后有演绎。先观察到三片秋叶、三头黄牛、三颗星星这些富有经验含义的事物，然后才抽象出数"3"的概念。先观察到两朵花加三朵花等于五朵花，两颗糖加三颗糖等于五颗糖，然后才抽象出等式"2+3=5"。

数"3"是一个形式化的东西，等式"2+3=5"也是一个形式化的东西，全部数学就是一个形式体系。我们可以赋予它们经验含义，甚至，之所以能够抽象出这样的形式化的东西，可能正是得益于经验上的观察和归纳。但是反过来，数"3"却不是因为有经验含义而成为数"3"，等式"2+3=5"也不是因为有经验含义而成为"2+3=5"，数学更不是因为有经验含义而成为数学。

由于归纳法无法得出全称命题，因此理论首先是一个演绎的形式体系。

理论只要满足逻辑一致性和完备性即可，是不需要一定具有经验含义的。尽管在对待理论的态度上，人类同样不得不表现出极大的功利性，即会努力赋予其经验含义，但是它们不是因为有经验含义而被称为理论，甚至都不能以是否具有经验含义来判断其是否有用。

数论就是很好的例子。数论历来被认为是纯粹数学的代表。近代英国杰出的数学家之一哈代说，他搞数学纯粹是为了追求数学的美，而不是因为数学有什么实际用处。哈代还充满自信地说，他看不出数论会派上什么用场。然而，40多年之后，抽象的数论竟与安全和保密这样的事情发生了联系，素数的性质成了编制一种新密码的基础。近40年来，数论在密码学、结晶学、理想气体、计算机理论、随机数的产生等方面得到了广泛的应用。

非欧几何也是很好的例子。非欧几何在创立之后的几十年时间里都看不到它与物质世界的任何直接关联，大多数数学家也就把它看作逻辑上的珍奇瑰宝。在非欧几何出现半个多世纪之后的1883年，著名的英国数学家凯莱还说道：非欧空间是一个先验性的思想，并不具有独立的存在性。谁能料到，爱因斯坦应用非欧几何的理论说明了他关于引力的基本思想，建立了相对论。从某种意义上讲，是非欧几何预见了相对论。

如果我们承认数学是理论的话，那么我们就必须接受理论不是因为有经验含义而成为理论的，而是因为它们是形式体系而成为理论的。而且，作为科学理论的形式体系还必然表现为公理体系，因为只有这样才可能避免循环逻辑。

试想，要说明甲概念，要不要借助乙概念？要说明乙概念,又要不要借助丙概念?一路下去,总有一个概念是不能用别的概念来说明的。相反,它是用来说明别的概念的逻辑基础,否则就是循环逻辑。这个概念就是不定义概念。同样的道理,要证明甲命题,需要借助乙命题,要证明乙命题,又需要借助丙命题,一路下去,总有一个命题是不能用别的命题来证明的。相反,它是用来证明别的命题的逻辑基础,否则也是循环逻辑。这样的命题就是公理。

一切科学理论,归根结底都是建立在不定义概念和公理假设基础上的公理体系。

欧氏几何是公理体系,概率论是公理体系,牛顿力学是公理体系,相对论是公理体系……世界上就没有不是公理体系的科学理论。科学与非科学的根本区别正在于是不是公理体系,能不能建立公理体系。在所谓的社会科学中,其实只有经济学是科学,因为只有经济学是公理体系。经济学之外的其他社会学科,是不能叫作科学的。

科学二字是不可以随便乱叫的。我不是说科学就比非科学重要、高贵,我只是说,作为科学的理论一定是公理体系,称得上科学的一定要是公理体系。文学、宗教、艺术不是科学,但它们重要;爱情也不是科学,同样也重要。我甚至认为,仅仅有科学,人类是不会幸福的。

科学理论是公理假设、逻辑推导、逻辑结论的有机整体。假如我的理论的逻辑结论与你的理论的逻辑结论不一致,能不能说我的理论就错了呢?不能,因为有可能我们的公理假设不一样。那么，假如理论的逻辑结论跟现实不吻合，能不能说这个理论就错了呢？还是不能，因为有可能公理假设也跟现实不吻合。理论的假设与现实不吻合，导致理论的逻辑结论与现实也不吻合，这不能证明理论就是错误的，只能说这个理论不适用于现实的时空。例如，非欧几何的逻辑结论与我们面前的现实不吻合，但是并不能说明非欧几何就是错误的。

问题在于：在无法做可控实验的情况下，怎么确保理论的假设与现实相吻合呢？因此我们说，在无法做可控实验的情况下，经验只能选择理论，不能检验理论。当理论的逻辑结论与现实不吻合的时候，只能说该理论不适用于现实，但并不能证明理论就错了。

理论只能通过可控实验和形式逻辑两种办法来检验真伪。实验检验理论在自然科学被广泛使用。至于用形式逻辑检验理论，简单说，就是只要从公理假设到逻辑结论的推导过程没有问题，那么不管我搞什么样的公理假设，也不管我的逻辑结论是什么，理论都是对的。

经济学无法做可控实验，因此其正确性只能通过形式逻辑来检验。可是，经济学又不是像数学那样的形式语言，怎么保证逻辑推导没有错误呢？补救的办法是，既要对经济学进行经验验证，又一定要牢记：经验验证只能选择理论，不能检验理论。在《实证经济学方法论》中，弗里德曼明确讲：经济学作为一门实证科学，是一种暂时被接受的理论体系。

懂得了这个道理，我们就不会仅仅根据经验观察得出政策含义。我们不会因为观察到有国家搞了最低工资法，然而就业并没有减少，就支持最低工资法，也不会因为观察到有国家搞了产业政策，经济还不错，就主张也搞产业政策。所有的政策含义都必须来自演绎推理。

懂得了这个道理，在社会实践中，我们就会多一份谦虚、谨慎，少很多自负和武断。

实证分析和规范分析

实证分析回答"是什么""为什么"。规范分析也叫价值判断，回答"好不好""应不应该"。前者是科学，后者为非科学。在很多社会问题上，人们之所以分歧严重，究其原因，是没有区分清楚到底是在做实证分析，还是在做价值判断。一旦分清了这两个问题，绝大多数分歧就不存在了。

假如我说在古代只能听父母之命、媒妁之言，不能搞自由恋爱，然后你就说我是封建思想在作怪，这就是没有搞清楚我到底是在做实证分析还是在做价值判断。

在古代传统农业社会，人们的活动范围小，认识的都是本村本姓的人，咋搞自由恋爱？那不是要么找不到对象，要么近亲结婚了吗？

在古代，保险业不发达，将女儿嫁得远一点可以有保险的功能，因为自己村子受灾了，女儿那里没有受灾，反过来也一样，就可以相互接济一下。而如果女儿嫁得近，遇到灾害，一损俱损，就失去了保险的功能。这个保险功能必须通过媒妁之言才能实现。

古代没有避孕措施，更没有堕胎技术，假如搞自由恋爱，怀上了孩子怎么办？

在古代，人均寿命短。在 1860 年代，人均寿命才 26 岁，到 1900 年代，人均寿命才 39 岁。因此，古人必须早婚。由于年龄太小，哪有能力自由恋爱？在音乐剧《梁祝》中，祝英台女扮男装与梁山伯同窗共读，毕业分别之际百般向梁山伯表白，可是梁山伯像呆头鹅一样不解风情。今天很多人是无法理解这一幕的。假如懂得那个时候他们年龄很小，女生发育早，男生发育晚，那么我们就能理解这一情节了。

农业社会变化小，父母的经验适用于孩子。不像今天后工业化社会，变化快，好些父母自己都赶不上时代的步伐，更不要说指导孩子了。例如，我小的时候父母就认为只有认真读书才算务正业，而唱歌、跳舞等娱乐活动是不务正业。有谁知道，在今天移动互联网时代，通过娱乐创造流量已经是一种职业了。而随着智能机器人时代的到来，物质产品将由机器生产，绝大多数人都将转向流量生产，假如按照父母的经验，还能够适应这种变化吗？

到了现代，人们的活动范围大了；市场发达了，不需要女儿来保险了；有避孕措施，不怕怀孕了；人均寿命延长，婚恋年龄延后了；父母之命、媒妁之言自然被淘汰，代之以自由恋爱。

其实，当我讲古代必须搞父母之命、媒妁之言的时候，只是解释古人为什么要这样做，并不意味着我就认为父母之命、媒妁之言好,即我做的是实证分析,不是价值判断。

在分析问题的时候,首先要清楚,自己是在做实证分析,还是在做价值判断。如果听他人分析问题,也要首先弄清楚,人家是在做实证分析,还是在做价值判断。否则必然产生分歧和误会。作为老师,我们在第一堂课就要让学生懂得什么是实证分析,什么是价值判断。

很多人一听有人讲"重男轻女""三从四德""一妻多夫",就破口大骂,认定这是破坏公序良俗。殊不知,人家探讨的是"为什么会这样"的科学问题,并不意味着就认为这样好。我觉得,如果老师不敢讲所谓涉及公序良俗的话题,很大程度是头脑中实证分析和价值判断的区分还不够清晰;而如果讲课后引起学生的反感,那么大概率也是因为没有讲清楚二者的区别。

今天,好的经济学家都在做实证分析,主要有如下三个原因。

其一,价值判断没有客观标准,100个人有101个答案,因为有人睡了一觉改变主意了。

其二,价值判断太容易。王小波就曾说过:公兔子也知道母兔子好、大灰狼坏。

其三,实证分析应该是价值判断的基础。作为一个社会人,总会有自己的价值判断,但要先做实证分析,在实证分析的基础上再做价值判断。例如,应不应该搞最低工资法?那我们先要做实证分析,看看实施最低工资法的实际后果是什么。

在此基础上，再决定应不应该搞最低工资法，否则就可能出现事与愿违的结果。社会上经常出现事与愿违的事，难道人们真的愿意发生这样的悲剧吗？当然不是，原因之一就是因为没有先做实证分析，就直接做价值判断了。

我们常说经济学是科学。当说经济学是科学的时候，意味着我们做的是实证分析。

局部均衡和一般均衡

所谓局部均衡分析，就是严格假定其他因素不变，分析某一个因素的影响。与局部均衡分析相对应的是一般均衡分析，即考虑各种因素的相互作用、相互影响。

需求定理讲：假设其他因素不变，那么价格上升，需求量减少；价格下降，需求量增加。需求定理就是典型的局部均衡分析。

可是，其他因素不变，价格为什么要变？反过来，既然价格变了，其他因素怎么可能不变呢？例如，一种物品的价格变了，其他物品和它之间的相对价格也就变了；即使名义收入没有变，实际收入也变了。

因此，局部均衡只是一种理论抽象，并不是一种真实存在。真实世界都是各种因素相互作用、相互影响的产物，换言之，真实世界只有一般均衡。

局部均衡并非真实存在，那么局部均衡分析还有意义吗？有，人的认知能力有限，因此只能假设其他因素不变，分析一个因素的影响。但是，不能通过局部均衡分析直接得出现实含义，而要通过局部均衡分析间接推导出一般均衡。例如，需求定理明明说"需求越大，价格越高"，可是要从需求定理推导出真实世界的"需求越大，价格越低"。低手利用局部均衡直接指导现实，高手则通过局部均衡分析推导出一般均衡，再以此去理解世界。

可惜的是，很多人都忽视了这一点。例如，新古典综合派根据边际消费倾向递减规律和投资回报率递减规律说明有效需求不足，就是直接用局部均衡说明现实世界的有效需求问题。

边际消费倾向递减规律是说，随着人们的收入增加，消费也会增加，但是或迟或早，增加的收入中用于消费的比例会下降。例如，20世纪80年代我刚参加工作的时候，每个月只挣100元，我每个月都花得光光的。现在我的收入增加了，消费也增加了，但我不再把每个月的收入都花光了。随着收入增加，新增的每100元收入中，用于消费的比例越来越小。

投资回报率递减规律说的是，随着投资增加，单位投资的回报越来越低。

其他因素不变，例如消费结构不变，的确，边际消费倾向会递减。如果我的消费就是吃饭、穿衣、住房子，那么的确，随着收入提高，或迟或早，消费倾向会递减，因为我一天最多只吃6个馒头，再多了，就算白给我，我也吃不下了。我的收入在不断增长，可是我的消费却有极限，自然就会出现边际消费倾向递减的情况。

可是，其他因素不可能不变，当收入增加后，其他因素跟着也会变的。例如，随着收入增加、财富积累，人们的需求结构会发生变化。收入增加，我吃的馒头的数量虽然不会同比例增加，但是并非我的消费就不会同比例增加，因为现在我要买 Iphone 了，要带女朋友去海边度假了，我还要换大房子，这些都是消费的增加。

看看发达国家，他们的收入水平相对高得多，可是他们的消费倾向低吗？再看看我们国家，改革开放后人们的收入提高，很多人反而负债了，因为他们要改善居住环境，贷款买大房子。

资本边际收益递减是两要素模型的推论。只有劳动和资本两种要素，而劳动不可能赶得上资本的增长速度，因此资本的边际收益就会递减。然而，现实世界比这复杂得多。资本并不是与劳动相对应的铁板一块，而是性质有别、形态各异的一切能够创造收入的东西，土地、机器、厂房等都是。按照费歇尔的观点，劳动也是资本，无非是资本中的一种而已。

一旦考虑到现实世界中资本的多样性，甚至劳动也是资本的一种，那么资本的边际收益就不一定递减了。这是因为：既然资本边际收益递减是劳动增长不如资本增长快，那么凭什么一种资本不会因另一种资本的增加而避免边际收益递减呢？

假设有资本甲、资本乙、劳动三种要素，其中资本乙是机器人，试问：机器人不是劳动的替代吗？如果劳动快速增长就能避免资本边际收益递减，那么机器人快速增长为什么就不能避免资本甲边际收益递减呢？事实上，新增长理论就讲技术、教育、健康也是资本。技术、教育、健康这些因素，都可以让我们平常所理解的资本摆脱边际收益递减的束缚。

又如,"合成谬误"之说在经济学界流传甚广,然而,同样也是直接用局部均衡理解现实世界。

萨缪尔森在《经济学》中这样写道:"由于某一原因对个体来说是对的,便据此认为对整体来说也是对的,这就是合成推理的谬误。"例如,在精彩的足球赛中,球迷们为了看得更清楚而站起来,可是当所有人都站起来的时候,大家都没有看得更清楚。

可是,甲站起来可以看得更清楚要以甲以外的其他人继续坐着为条件,乙站起来可以看得更清楚要以乙以外的其他人继续坐着为条件……显然,这里对于不同的个人来说,"对"的条件是不一样的;不仅不一样,还不相容,不可能同时成立。在这种情况下,你以为观众真的认为站起来会看得更清楚,因而是"对"的行为吗?恐怕只有书斋里的经济学者才会这样想当然。

"合成谬误"的提出者没有弄明白,就个人来说的"对",乃是局部均衡;就集体来说的"对",却是一般均衡。虽然说一般均衡不过是局部均衡的某种"合成",局部均衡则是一般均衡的某种"分解",但局部均衡毕竟有"其他因素不变"的前提限制,在这里其他因素彼此不兼容,因此,根本就不可以通过简单合成关于个体的局部均衡得出关于整体的一般均衡。

经济学中像这样对各种分析方法的特征和适用范围不求甚解的例子还有很多。但是,如果我们要学好经济学、教好经济学,那么必须首先弄懂每一种方法的特征和适用范围。

因果关系和相关关系

既然证实和证伪都很奢侈,那么,发现因果关系就是一件非常困难的事情。

举个最简单的例子。一个人吃了某道菜之后死了,那么,这道菜是不是他死去的原因?严格来讲,除非只有他同时没有吃这道菜之后又活着,这两种状态都为我们所观察到时,我们才能说这道菜是他死去的原因。可是,这两种状态怎么可能同时存在呢?

是的,要想真正解释因果关系,就必须保证因果关系的主体相同,同时,所有的其他环境与条件也都一样,经过对比,才能说明某种状态的因果关系是怎样的。但好在,无论是大自然还是人类社会,事件不大会偶然出现一次,而会反复出现,这就给了人们认识因果关系的机会。

肺结核曾经是不治之症。医生们做过很多尝试,但都没有找到真正有效的治疗方法,直到1946年发现了第二种应用于临床的抗生素——链霉素,才开启了治疗结核病的新纪元。

然而,到底是链霉素治好了肺结核,还是其他因素起了作用？对此，科学家们可以做随机对照试验。通过随机选取15~30岁的双侧急性肺结核患者，把他们分成两组：一组接受链霉素治疗并卧床休息，这一组就是实验组；另一组仅仅卧床休息，这一组就是对照组。如果实验组的病情得到了显著的改善，那么就证明链霉素对肺结核病大概率是有效的。

随机对照试验基本控制了其他因素。之所以这样讲，是因为这种办法并没有完全控制其他因素。不过，假如样本数量足够大，其他因素起作用的概率就非常小了。因此，我们也就找到了因果关系。当然，我们要明白，这个因果关系只是概率意义上的因果关系，是大概率成立。

用统计学方法寻找概率意义上的因果关系，这在自然科学中有着广泛的应用。如今，这一方法在社会科学中也被大量使用。但实际上，这里面有很多陷阱，结论未必可信。

例如，在美国，非裔美国人的失业率是一般失业率的两倍，即使同等条件下得到雇佣，他们拿到的薪水也比白人少1/4，这是否说明美国存在用工歧视呢？

设想：假如一个社会中有1%的人会犯罪，同时，我们又知道，99%的犯罪分子都纹身，普通人当中纹身的比例只有1%。那么，当你走在一个荒僻的山道上，迎面看到一个人向你走来，你认为他是犯罪分子的概率是多少？当然只有1%。但是，当此人再走近一点，你看清他身上的纹身时，这个时候你预计他是犯罪分子的概率又有多大呢？50%！

如果你认为一个人是罪犯的概率有50%那么高，想来避而远之应该是一个合理的选择。

因为实际工作能力很难判断,或者判断起来成本不菲,所以,即使两者看起来条件差不多,但如果黑人平均工作能力不及白人,造成的结果仍然是黑人得不到雇佣。即不是因为种族歧视,而是因为获取个人工作能力的成本太高,于是只能根据人群的平均水平推断个人工作能力。公司在聘用员工的时候设置学历标准,也是根据人群的平均水平推断个人工作能力。

为了排除其他因素的干扰,穆来纳森和波特兰做了这样一个实验:他们制作了一些假简历,这些简历只有求职者的名字不同,其他基本上没有什么差异。当然,他们也会对一些无关紧要的信息略加修改,不能让雇主对这两份简历产生怀疑。他们把简历寄出之后就可以在办公室等待雇主们的邮件回复了,实验的结果就是雇主们的回复率。

只是姓名不同,如何把其和种族挂钩呢?答案是,在美国,姓名会显示这样的信号:如果你的名字叫艾蜜莉·沃尔什或者葛瑞格·贝格尔,那么你多半是个白人;而如果你的名字叫拉卡沙·华盛顿或贾马尔·琼斯,那么你基本上是黑人了。

如果在求职的回复率上没有出现显著的种族差异,那么证明不存在种族歧视;相反,就证明存在种族歧视。实验的结果是:在求职的回复率上出现了显著的种族差异。这证明美国在用工方面存在种族歧视。

但是,实验真的控制住其他变量了吗?

在我看来,实验结果成立需要这样的前提条件:雇主拿到求职信后，除了根据名字判断种族之外，还会认真阅读除名字之外的其他基本相同的内容。假如雇主拿到简历，看到名字，一旦区分出是白人还是黑人，就根据他的经验，认定黑人平均能力比白人低，因而不再看具体的信息，也不回复黑人应聘者，那么又怎么能够得出存在用工歧视的结论呢？

我之所以用穆来纳森和波特兰的文章来举例，是因为这篇是发表在顶级刊物《美国经济评论》上的关于用工歧视的文章。这篇文章有漏洞，其他的自然更加有问题了。我想说的是，对物，实验、统计学的方法适用；对人，实验、统计学的方法没那么适用。因为人有主观反应，很难控制其他变量。因此，多数这样的研究都是看上去很美，实则经不起考验。

在现实生活中，真正的因果性是观测不到的。我们能依靠的，只有推测。马歇尔就曾说过：除非经过理智的考究与阐释，我们不可能从事实中学得些什么。我们要先有理论，然后才可能推断因果关系。

有人说：徽州贫瘠，养活不了当地的人，那里的男孩子13岁就得离家外出闯荡，这反而成就了徽商。这就是弄错了因果关系。

不是贫瘠成就了徽商，而是别处的产权有保障、市场发达以及富饶成就了徽商。那些少小离家的徽州男孩，在别处挣了钱，变成徽商，然后回到老家盖宅子，而当地富人少，于是就非常耀眼。看得见的是这些功成名就的徽商，看不见的是成就他们的真正原因。

有人可能会说，假如徽州不那么穷，那里的小孩不外出，不就没有徽商了吗？

贫瘠使得小孩外出，但外出并不必然成为徽商。设想有两个徽州小孩，一个去了上海，另一个去了我的老家四川，去四川的那位成为徽商的可能性就非常小。事实上，外出的小孩多了，但不是每个人都能成为徽商。外出和成为徽商只有相关关系，没有因果关系。

对这个因果关系的识别，借助的就是现代经济学的市场理论，也只能通过这种方式得出。这也再次表明了理论学习的重要性。

因果关系并非只在科学研究中才重要，日常生活中也一样重要。例如，有的文章通俗易懂，有的则晦涩难理解，原因当然有很多，例如，语言是否流畅就是原因之一。但是，因果关系有没有被弄错同样是重要原因。例如，你讲"随着春晚的没落，互联网的兴起"，那么就错了，读起来就会令人费解，因为互联网兴起是春晚没落的原因，应该放在前面，说"随着互联网的兴起、春晚的没落"，读起来才自然。

充分条件和必要条件

如果 A 发生，则 B 必然发生（A → B），那么 A 就是 B 的充分条件。如果 A 不发生，那么 B 必然不发生（NotA → NotB），那么 A 就是 B 的必要条件。必要条件的另一种常用表述是：只有 A 发生，B 才可能发生，那么 A 就是 B 的必要条件。

例如，天上下雨，地面必然湿滑，因此天上下雨是地面湿滑的充分条件。但是，地面湿滑不一定是由下雨导致的，也可能是人为泼水所造成的，因此天上下雨不是地上湿滑的必要条件。而天上没有云，地上就不可能有雨，因此天上有云是地上有雨的必要条件。

又如，只有产权清晰，才可能有市场，因此，产权清晰是市场经济的必要条件。但是，并不是产权清晰，就必然有市场经济。就是说，产权清晰不是市场经济的充分条件。

充分条件和必要条件的概念似乎简单，然而应用时犯错误的却大有人在。

例如，当我讲市场好的时候，经常有人反驳，说市场不是万能的。市场当然不是万能的。你用这句话反驳我的时候就犯了混淆充分条件和必要条件的错误。市场有前提,当前提条件不具备的时候,市场就不会出现。市场只是"好"的充分条件,没有人认为市场是万能的。

假如 A 发生代表着 B 发生（A → B），那么 B 不发生就代表着 A 不发生（NotB → NotA）。即如果原命题成立,那么逆否命题一定成立。

以事实反证是验证理论的最基本的方法。例如,要验证下雨必然有云这个命题,就要用没有云就没有雨来反证。下雨（A）必然有云（B）代表着：没有云（NotB）必定没有雨（NotA）。假如没有云（NotB）却有雨（A），那么下雨（A）必然有云（B）的命题就被证伪了。

众所周知,经济学假设人都追求约束下的利益最大化（利己假设）。很多人试图通过找反例来直接否定这个假设。例如,认为慈善不是利己的,因此利己假设不正确。但是,利己是一种主观意图,他人无从观察,因而无法直接验证。正确的验证利己假设的方法是：从这个假设推出一个可观察、可验证的含义,然后间接验证这个含义。

假设人是利己的,如果有两种捐钱方式,一种是署名捐钱,另一种是匿名捐钱,那么就可以推断,在署名捐钱的情况下捐钱会更多。如果匿名时捐得更多,那么利己假设就被推翻了。而如果匿名时捐得少,那么我们就说利己假设暂时经受了事实的检验。即慈善并没有推翻利己假设,只能说,这个时候捐赠者追求的不是财物这样的利，而是名声那样的利。

利己假设也叫理性人假设，其实质是指人在行动的时候会进行成本收益计算。有人试图用犯罪来否定理性人假设。可是，有没有进行成本收益计算，他人也无从观察，因而同样无法直接验证这个假设。应该从这个假设推出一个可观察、可验证的含义，然后间接验证这个含义。

假设人是理性的，那么从中可以推出的一个含义是：当惩罚严的时候，犯罪会减少，但是惩罚过严，犯罪又会上升，因为已经犯了死罪，就不在意多杀人了。如果观察到的情况相反，那么就证明人未必是理性的。而如果观察到的情况的确如此，那么就要暂时接受理性人假设。

经济学还假设厂商追求利润最大化。很多人以为厂商不能掌握有关的需求和成本函数，不能准确计算边际成本和边际收益并使各项经济活动按照等边际原则进行，就否定了利润最大化假设。但实际上，正确的对于利润最大化假设的检验，不是去问厂商是否掌握有关的需求和成本函数，能否准确计算边际成本和边际收益并使各项经济活动按照等边际原则进行，而是问：如果厂商的产量比目前的产量高一点或低一点，相应的利润会不会降低。如果厂商做出肯定的回答，那么利润最大化假设就经受了检验，我们就暂时接受这个假设。因为利润最大化这一假设的一个重要含义，正是产量偏离均衡产量时利润一定会比产量为均衡产量时要低。只有厂商做出否定的回答，才证伪了利润最大化假设。

  上述例子清楚地示范了在实证过程中，验证的不应该是抽象的理论，而是从理论中推导出来的可以被事实验证的含义。如果我们用正确的方法对利己假设、理性人假设、利润最大化假设实施检验的话，那么我们就会发现，至今这些假设还没有被推翻。

第七章

主流经济学反思

传统理性假设不完备，有限理性假设又不可证伪

科学理论必须是公理体系，否则无法克服循环逻辑，并且这个公理体系还得完备、兼容。

所谓完备，就是一切现象和行为，都能在这个框架里得到解释，不能有例外，不能有漏网的。所谓兼容，就是对不同现象和行为的解释，逻辑上不能互相矛盾、彼此打架。

亚当·斯密提出经济人概念，也叫理性假设或者利己假设。从此，经济学具有了科学的属性。可是，传统的理性假设无法兼容众多看起来非理性的行为。例如，昨天我买了股票，今天股市就大跌，下午浇了花园，晚上就是一场大雨，这样的现象就无法和传统理性假设兼容。

西蒙提出有限理性概念，行为经济学更是建立在有限理性假设之上。

但是，用有限理性构建经济学，存在无法证伪的缺陷。地上有50元钱，我没有捡，你说我有（限）理性。地上有50元钱，我捡了，还是因为有限理性。这样的经济学，似乎解释能力强，但因为总对，无法证伪，其实没有解释力。

挽救理性人假设的办法是，把理性假设（人人追求约束条件下的利益最大化）的约束条件处理成主观所认识到的约束条件，而不是客观存在的约束条件。于是，像今天我买了股票、明天股市就大跌这样的行为，就都是理性行为了，因为以我当时所掌握的信息，明天股市就是要大涨。只有明明知道明天股市要大跌，今天偏偏还买，才能说明我是非理性的。

这样一个小小的处理，经济学变得真正完备起来，可以兼容人类的一切行为。

如此，就可以从约束条件的角度解释人类的一切行为。地上有 50 元钱，我没有捡，为什么？因为旁边有警察。地上有 50 元钱，我捡了，又为什么？因为旁边没有警察。这样的经济学也才是可证伪的。理性人假设的含义是，假如没有警察，那么我会捡那 50 元钱；假如有警察，我就不会捡那 50 元钱。假如出现这样的情况，明明没有警察，我也没有捡那 50 元钱，或者明明有警察，我仍然捡那 50 元钱，那么就证明理性人经济学是错误的。

主流经济学混淆了完全理性、有限理性、理性三个概念。理性并非不犯错误。不犯错误是完全理性，即人们能够正确认识客观环境，并据此求得最优解。有限理性则指人们未必能够做到这一点。与有限理性和完全理性相联系的是环境的复杂性和不确定性，以及人的认知能力的局限性。理性则仅指追求约束条件下的利益最大化。

理性和有限理性、完全理性不是同类事物，完全理性和有限理性才是。跟有限理性相对应的不是理性，而是完全理性。可以用有限理性否定完全理性，但是不能用它去否定理性。主流经济学把理性处理成完全理性是错误的，行为经济学拿有限理性去否定理性同样不对。

众所周知，经济学有一个大名鼎鼎的次优理论，即当实现不了最优的时候，应该追求次优。例如，在自然垄断的情况下，最优的边际成本定价无法实现，应该追求次优的平均成本定价。

但，那个最优是什么？难道不是某一组约束条件下的最大化吗？那个次优又是什么？难道不是另外一组约束条件下的最大化？

因此，有了正确的最优概念，我们不需要次优概念。次优概念的提出，只能说明没有很好地掌握最优概念。有了正确的理性概念，我们哪里需要把经济学搞得如此纷繁复杂、眼花缭乱！

机会主义、卸责、偷懒、敲竹杠、搭便车误入歧途

我的研究方向是交易费用经济学。威廉姆森因为研究交易费用经济学而获得诺贝尔经济学奖,我却一点都不喜欢威廉姆森的经济学,因为他大用特用机会主义、偷懒、敲竹杠这些词。

今天,机会主义、卸责、偷懒、敲竹杠、搭便车等术语充斥经济学。

不是说没有机会主义、卸责、偷懒、敲竹杠、搭便车这些行为,而是它们只是特定约束条件下的一种现象,不能作为经济学的概念,更不能以此为出发点做经济分析。

众所周知,斯密强调,在"看不见的手"的作用下,人的利己具有促进生产、增加社会福利的一面。但是他没有考察"看不见的手"发挥作用的前提条件。利己的人,既可能做损人利己的事,也可能做利人利己的事,关键在于背后的约束条件。经济人的一切行为都是功利计算的结果,差异只是来自约束条件。

我们都有这样的体验：在小区的商店买东西，买到假货和"挨宰"的可能性要小一些，而在火车站、旅游景点买东西，则大得多。这不是说火车站附近的商人天性就坑蒙拐骗，天性就不讲信誉、缺少道德。你把小区的商人放到火车站附近，他们也会那样行事的。讲信誉、不"宰人"，利益使然；不讲信誉、"宰人"，也是利益使然。小区的商人不卖假货、不"宰人"，是因为他知道他的顾客多是附近的居民，他期望他们成为回头客，明天还赚他们的钱。火车站附近的商人知道他的顾客买了东西就天各一方，这种情况下，肯定能宰，为什么不宰呢？

机会主义、卸责、偷懒、敲竹杠、搭便车与卖假货、"宰人"有什么不同吗？完全没有，这些行为与所有利己行为都没有本质的不同。

所以，关键不是机会主义、卸责、偷懒、敲竹杠、搭便车本身，而是导致这些行为发生的约束条件。同样的人，约束条件不同，又是可以不机会主义、不卸责、不偷懒、不敲竹杠、不搭便车的。如果可以用机会主义、卸责、偷懒、敲竹杠、搭便车去做经济分析，那是不是也可以用不机会主义、不卸责、不偷懒、不敲竹杠、不搭便车去做经济分析？如果可以，那么经济学还叫学问吗？那经济学不就是以现象解释现象了吗？

不幸的是，这种不重视约束条件、以现象解释现象的做法在当今主流经济学界大行其道，闹出种种笑话。例如，格雷欣定律就因此而闹了笑话。

不否定有劣币驱除良币的现象，但是，有没有良币驱逐劣币的现象呢？有啊，国民党离开大陆的时候，劣币是金圆券，良币是美钞、黄金，人们使用美钞、黄金，拒绝使用金圆券，这就是良币驱逐劣币。那么怎么解释良币驱逐劣币的现象呢？

劣币驱逐良币根本就不是什么定律，那只是一个现象。

真正的定律是：在理想的状态下，劣币和良币的收益率是一样的，任何金融工具的收益率都是一样的。这就是我们要掌握的理论，或者说正确的理念。

道理不难理解，你用良币支付，数目字就少，你用劣币支付，数目字就大。但是折算下来，你的实际支付是一样的。

在理想的状态下，劣币和良币的收益率是一样的，劣币不能驱逐良币，良币也不能驱逐劣币。但是，加入交易费用，例如界定是不是劣币成本太高，高过了因此而获得的收益，或者法律不允许拒绝接受劣币，那么就出现了劣币驱逐良币的现象；加入另外的约束条件，比如可以拒绝接受劣币，那么又可以得出良币驱逐劣币的结论。

明明看到劣币驱逐良币的现象，你却要得出劣币、良币的收益率一样，彼此不能驱逐的结论；但是加入不同约束条件，又可以得出彼此驱逐的结论。这才是理论，才是学问！

《麻辣谈经济学：经济学通识二十一讲》开篇就讲从约束看世界，我不是随意做出这样的安排。只有这样，经济学才简约。也只有这样，经济学才纯粹，才不会闹出种种笑话。

正确定义成本后,几乎没有正确应用过

学习过主流经济学的朋友一定熟悉下面的说法:"短期,成本不影响价格;长期,成本影响价格""停产点在价格等于平均可变成本的地方""短期,可能正利润(盈利),可能零利润,也可能负利润(亏损)"。

然而很遗憾,这些都是错误的。

成本是放弃的代价(机会成本)。这个手机的成本是多少?是因为持有它而放弃做别的事情的机会,假如此刻这个手机的市场价格为 2000 元,那么持有者就放弃了用 2000 元去做别的事情的机会,即手机的成本等于它的市价 2000 元。因此,不是成本在决定价格,而是价格在决定成本,成本永远等于价格,谈何短期成本不影响价格、长期成本影响价格?

设想,半年后要爆发 8 级地震,油井将遭到巨大破坏,原油供给将大幅减少,那么化工产品的价格是半年后涨,还是现在就涨?肯定是现在就涨。预期影响价格,跟时间长短有什么关系?

既然成本都是机会成本,严格来讲,当然都是预期成本。

但是，产品生产出来后的此刻，和产品还没有生产出来的未来，时间是根本不同的。产品生产出来之后，其成本决定于并且等于价格。产品还没有生产出来，那只是计划，是预期成本。劳务已经发生了就没有选择了，就不再有成本了。劳务还没有发生，那是预期成本。劳务的成本是预期成本，生产成本是预期生产成本。预期成本影响价格。只有这样，才能正确理解成本与价格的关系。

主流经济学认为，即便价格低于平均成本，但只要高于平均可变成本，就应该继续生产，因为这样做可以收回部分固定成本，从而减少亏损。

可是，固定成本不是机器、厂房的历史买入价，而是此时此刻在市场上它们能够卖得的价钱。当价格降到平均成本之下的时候，停止生产，然后卖出固定资产收回全部固定成本不好吗？难道还要费劲巴拉地继续生产，然后只能收回部分固定成本吗？

因此，一旦价格降到平均成本的水平，厂商就会选择停产。

这也意味着，在确定性环境中，经济利润是不可能为负的。

那么，在确定性环境中，经济利润可不可能为正呢？答案是：也不可能。

任何收入都是资产创造的，资产必定有主人，使用有主的资产当然都要支付费用，这个费用正好等于要素创造的收入，因此，哪有正利润这回事呢？

你向银行贷款，固然要支付利息成本。用自有资金办企业，是不是就没有利息成本了？当然不是，因为你不办企业的话，就可以拿这笔钱在借贷市场上获取利息收入。放弃的利息收入就是你使用自有资金的成本。

你使用自己的企业家才能，同样也是有成本的。企业家才能的报酬就是你使用的成本。

因此，假如把利润定义为收入减去所有成本的差额，那么，那个仅仅是收入减去工资、利息、地租等成本后的差额，就不是真正的利润，而是扣除一部分成本之后的另一部分成本，也就是企业家才能的报酬。只有收入减去所有成本之后的差额，才是真正意义上的利润。这个真正的利润，在确定性环境下，等于并且必须等于零。

是的，经济利润可以为正或者为负，但那或正或负的经济利润是不确定性的产物，或者是天上掉馅饼，或者是走路踩到了狗屎，随机而不可确定，是不可能最大化的。奈特给自己的书取名为《风险、不确定性和利润》，张五常讲"利润是无主的孤魂"，大师之见！

利润是无主的孤魂，经济利润总是为零，那么怎么解释明明亏损，企业还继续经营的现象呢？答案是：守得云开见明月。如果看不到前途，企业是断不会选择亏损经营的。注意：亏损只可能在跨期、考虑局部的某一期的情况下出现。

"短期，可能正利润（盈利），可能零利润，也可能负利润（亏损）"，这根本就是误拿现象当理论，是一种惰学。当然，主流经济学可以狡辩：我们的利润其实是企业家才能的报酬，所以可以不为零。可是，真正理解经济利润必定为零，又怎么会说出"短期，成本不影响价格；长期，成本影响价格""停产点在价格等于平均可变成本的地方"呢？

真正理解成本是放弃的代价，那么塔洛克和波斯纳的部分垄断利润应该算作垄断的社会成本这一说法就是错误的。道理不难理解，假如分析完全竞争的时候没有考虑界定和保护产权的费用，那么就不能讲因为保护垄断利润而发生的非生产性费用应该算作垄断的社会成本。

真正理解成本是放弃的代价，那么就应该彻底否定沉没成本的概念，鲍莫尔基于沉没成本所做的可竞争市场理论分析，泰勒尔的《产业组织理论》中基于沉没成本所做的很多分析就都应该重写。

当然，不是说他们的结论错，是逻辑错了。泰勒尔在《产业组织理论》中写道："沉没成本最迷人的地方就是它的承诺作用。"有人据此讲：银行之所以建漂亮的大楼，目的是把钱沉没在那里，告诉顾客，我不会跑路的。真是"失之毫厘，谬以千里"。漂亮大楼是资产，资产具有抵押功能。如果银行把储户的钱卷走了，那么银行的这部分资产就会被法院强制冻结。俗话说，"跑得了和尚跑不了庙"，绝不是因为庙沉没了，因此具有担保功能，恰恰是因为庙没有沉没，还值钱，因而才具有担保功能的啊！

不知竞争为何物

你是否经常从报纸上、电视中、专家学者口中听到诸如"计划经济之所以绩效差是因为缺乏竞争""垄断消除竞争""要鼓励竞争"等说法？很不幸，这些说法都是错误的。

这都有主流经济学的"功劳"。主流经济学不知竞争为何物。

主流经济学认为：买者、卖者众多，产品同质，信息对称，厂商能自由进入和退出，这样的市场最具有竞争性，叫作完全竞争，也最完美；与完全竞争相对应的是另一极——垄断，如果市场上只有唯一的售卖者，那么就是垄断，垄断消除竞争。

可是，如果产品同质，不能体现在质量改进上，这竞争是不是要大打折扣？

厂商数量越多，竞争就越激烈？农民肯定多于手机制造商，那么，是农产品市场竞争激烈还是手机市场竞争激烈？实际情况恰恰是，手机制造商破产倒闭的比例远远高于农民。

垄断就消除竞争了？皇帝独一无二，是最典型的垄断，但消除竞争了吗？陈胜、吴广振臂高呼"王侯将相，宁有种乎",这不是竞争是什么?!垄断并没有消除竞争,只是改变了竞争的方式——不是在一个给定的市场上进行残酷的价格竞争、而是竞争怎么进入市场。

垄断就没有替代选择,会导致价高质次?不是厂商打败竞争对手成为垄断者的,而是消费者通过投票选出垄断者的。垄断本身就是选择的结果,怎么会没有替代选择呢?垄断之前的选项不是选择吗?与我们的直觉相反,垄断恰恰产生高质量低价格。如果想不明白背后的道理就看看现实,微信在聊天通信市场上几乎处于垄断地位,但免费让大家使用。

真正导致价高质次的不是垄断,而是行政垄断。表面上,垄断和行政垄断都有"垄断"两个字,都表现为独占,但实际上,两者产生的原因不同,根本不是一回事。垄断是市场竞争的结果,是普遍产权保护的产物,行政垄断是破坏市场竞争、破坏普遍产权保护的产物,两者怎么可能是一回事呢?

不应该一般地反垄断,唯一应该反的是行政垄断。

但即使是行政垄断,也没有消除竞争,而只是改变了竞争的方式——不是竞争如何提高品质,降低价格来讨好消费者,而是竞争怎么搞到批文。

竞争与稀缺性相伴而生。只要资源稀缺,又有两个以上的人,那么就总是包含着竞争的。竞争无时不在、无处不存,竞争从来都是激烈的。

并不是所有的竞争都是好的,有的是生产性的、租值增值的竞争,有的是非生产性的、租值消散的竞争。就是说,重要的不是竞争本身,而是竞争的方式。竞争本身不需要鼓励,需要鼓励的是对竞争方式进行筛选限制。产权的作用就在于此。产权的性质不同,竞争方式就不一样。产权既为竞争提供激励,又对竞争进行限制:激励人们用这样的方式竞争,限制人们用那样的方式竞争。对竞争方式进行筛选和限制,这正是产权的经济作用。

计划经济下缺衣少食,这并不是计划经济缺乏竞争,而是计划经济中的竞争多是非生产性的、租值消散的竞争。市场经济下丰衣足食,也不是市场经济下竞争就激烈,而是市场经济中的竞争多是生产性的、租值增加的竞争。

这些问题,张五常、阿尔钦、德姆塞茨都有过很好的论述。

主流经济学一招看错,满盘皆输。

主流经济学的初衷是要证明市场的有效性,实际却走上了寻找市场失灵之路,变成干预主义的帮凶。今天,举世都在错误地反垄断,主流经济学就没有责任吗?

货币的一元化属性必然导致垄断。当认定垄断会导致效率损失的时候,在货币问题上就必然误入歧途:既然自然垄断不好,那么不妨选择法币制度。可是,自然垄断都信不过,又怎么信得过行政垄断的法币制度呢?主流经济学就是这么分裂!

当今世界出现的经济问题,很大程度上源自货币制度的缺陷。很多人没有意识到,这种缺陷深深植根于错误的垄断理论——没有正确的垄断理论,在货币问题上是不可能自圆其说的。

权利主义和功利主义边界不清

主流经济学的第五大错误是滥用功利主义。

以关于垄断的分析为例。主流经济学用消费者剩余和垄断利润之和构造福利函数,然后证明在垄断产量处,社会福利还有改进的余地,从而得出垄断存在效率损失、应该反垄断的结论。

这里我暂且不讲主流经济学效率标准的问题。构造社会福利函数,然后进行功利计算,这本身就和主观价值论不兼容。既然价值是主观的,那么不同人的利益就未必能够相加总,遑论求得最大值。设想:你追求名,我追逐利,怎么构造社会福利函数并求得最优解?

火车开到岔道口后,司机发现左边道上有一个小孩在玩耍,右边道上有三个小孩在玩耍,可是已经停不下车了。假如你是司机,该怎么选择?能不能为了避开三个小孩,就让火车开向只有一个小孩的左边轨道?不能,因为我们无法肯定三个小孩的生命价值就比一个孩子的大。

如果功利计算是可行的，由于年轻人价值大，老年人价值小，当年轻人得了病，那么是不是就可以割下老年人的器官去救年轻人呢？

在这个地方，你能感觉到功利主义的荒谬，可是换个场景，你可能又忘记了它的荒谬。例如，化工厂围墙上有个洞，有人误入后死了，怎么判定责任呢？谁避免悲剧发生的成本低，谁就应该承担责任。你觉得荒谬不？事实上，构造社会福利函数，然后求解最大值，这几乎是主流经济学的标配分析范式，你觉得它荒谬了吗？

在权利清晰界定的地方，应该坚持权利主义。如果左边是岔道，右边是火车正常行驶的路线，那么即使会压到那三个小孩，火车也不应该变道。如果是小孩误入化工厂致死，那么应该判化工厂承担责任，因为小孩没有行事能力，不能自行判断风险。但如果是成年人误入后死了，就要自己承担责任。如果垄断是市场竞争的产物，那么就不能反垄断，只有行政垄断才应该反。

在权利清晰界定的地方，也只能按照界定的权利来行事，不然，界定权利干什么？我们不能前面界定了权利，后面又不按界定的权利来行事。在权利清晰界定的私域，必须坚持"我的财产我做主"的原则，任何第三方都不能通过功利计算干预财产的使用，否则就是破坏产权。

这并不是完全否定功利主义。在权利没有清晰界定的地方，功利计算可能是不得已的选择。

首先，权利并非总是泾渭分明，因此产权保护就没有那么简单明了。

一个小区，100 户人家，99 户愿意按协商好的价格动迁，但有 1 户不愿意，这时候该怎么保护产权？保护了 99 户的产权，就破坏了 1 户的产权；保护了 1 户的产权，又破坏了 99 户的产权。产权不独立，这个时候怎么保护呢？要不要引入功利计算？可能要。能不能完全否定强拆？不能。

再次，在公域，权利根本就没有清晰界定，又怎么可能坚持权利主义呢？

大妈想在小区的公共广场跳广场舞，可是楼内的作家想要安静，怎么办？由业主委员会来协调双方的利益，进行功利计算，限定跳广场舞的时间和音乐的音量。污染问题也一样。空气和河流的产权没有清晰界定，厂家宁愿多排点污也要多生产，可是居民又想要清洁的空气和河流，怎么办？由政府来协调各方的利益，做功利计算，规定排污数量。

最后，为了某些公共服务，可能不得不征用私人财产。

税收就是为了公共服务而对私人财产的征用。在战争或某种紧急状态下也可能征用私人财产，当然事后要做公正的补偿。但是怎样才叫公正的补偿，甚至什么才算是公共用途，答案并没有那么清晰。社会科学最复杂的地方是有很多模糊地带，因此就需要人们多一点谨慎和宽容。

功利主义和权利主义未必就一定对立。权利主义又何尝不是某种功利主义，不然，为什么要坚持这样的而不是那样的权利呢？而从长期来看，功利主义可能又回到权利主义，即保护权利可能是最好的实现目标的手段。但是，二者的适用范围不同。在权利清晰界定的私域，只能坚持权利主义；只有涉及公共服务、权利没有清晰界定的公域，才能搞功利计算。

效率概念没有一般化

尽管有很好的帕累托效率标准，但出于数学化的需要，新古典经济学把效率处理成了社会福利函数实现最大值。在数学上，这又等价于某组边际等式成立。

经济学的与效率相对应的边际等式，经常是边际收益等于边际成本。按照主流经济学的说法，当边际收益等于边际成本的时候，资源就实现了最大价值，偏离了，就意味着有无效率发生。

可惜，这是一种没有考虑交易费用的计算，而真实世界恰恰受到交易费用的约束。

以自助餐为例。顾客去吃自助餐，一定会吃到最后一口食物的收益等于零为止，然而生产最后一口食物的成本大于零。就是说，这种情况下边际收益小于边际成本。如果按照边际等式成立才有效率的标准，那么这时候就存在浪费，就有无效率发生了。

问题是：假如要避免顾客多吃，使得边际等式成立，那么就得雇佣工人拿着大勺子在那里度量食物，而这是有成本的。自助餐虽然让顾客多吃了一点，让边际收益不等于边际成本，但是它节约了接待顾客以及度量每个人所消费食物的成本，这些节约下来的成本大于所谓的浪费，因而边际等式不成立，让顾客多吃恰恰是有效率的。

一旦考虑了交易费用，那么边际等式成立反而无效率，边际等式不成立倒可能有效率。

再看垄断的例子。如果没有交易费用，那么一定会是价格等于边际成本。道理不难理解：假如价格真的高于边际成本，就意味着生产者生产额外一单位产品的成本，低于消费者意愿为这一单位产品所支付的代价，那么生产者和消费者总可以通过谈判协商，分享其中的利益，生产者就一定会增加这额外一单位产品的生产，价格一定等于边际成本。问题是现实世界存在交易费用。之所以垄断价格高于边际成本，正是因为交易费用为正的缘故。在正交易费用的情况下，就不能根据价格高于边际成本得出存在无效率的结论了。

外部性问题也一样，在正交易费用的真实世界，并不是成本分离就一定有无效率发生。

效率不是抽象的最大化，而是具体约束下的最大化。效率不是黑板上计算得到的最大化，而是现实中可以实现的最大化。绝不是只有零交易费用的新古典世界才有效率，而一切对于新古典世界的偏离都代表了效率损失；绝不是只有边际等式成立才有效率，而任何对于边际等式的偏离都代表了效率损失。正交易费用的真实世界不同于零交易费用的新古典世界。

在正交易费用的真实世界，效率经常发生在边际等式不成立的地方。边际等式不成立，并不意味着就有无效率发生；如果人为地去实现边际等式，那么反而可能无效率了。

假如交易费用为零，那么法律面前人人平等可能真的公平却无效率。谢老师偷东西被打 80 板才不偷，张三被打 20 板就不偷了，可是法律面前人人平等，各打 50 板。结果是，谢老师继续偷，张三第二天却不能干活了。为什么不对谢老师打 80 板，对张三打 20 板呢？

在正交易费用的真实世界，你怎么知道我被打 80 板才不偷，张三被打 20 板就不偷了？十三亿人每个人各打多少板正好不偷？调查这个是需要成本的，并且绝对是一件高成本的事情。考虑了这个成本，各打 50 板反而有效率。在正交易费用约束下，法律面前人人平等既公平又有效率。在正交易费用的世界，"完美"不是有效率，不完美反而可能有效率。

看起来，把产权界定给最能利用它的人才完美、有效率，可是既然交易费用为正，就意味着不知道谁能最好地利用资源。在这种情况下，只要产权界定清晰，无论界定给谁，都是有效率的。换言之，以交易费用为正不能得出产权初始界定重要的结论，科斯反定理不成立。

数学只能处理边际等式成立的情况，可是在正交易费用的真实世界，边际等式成立反而可能无效率，那么数学计算的结果到底有多大意义呢？难道真要用它反过来指导实践吗？

不是不能用数学，但如果为了数学化而牺牲真实经济含义，这就变成了象牙塔中的经济学，科斯称其为"黑板经济学"。黑板经济学家制造出一个"完美世界"，再以这个想象中的"完美世界"为标准衡量现实世界，凡是偏离"完美世界"的就都是市场失灵，就需要政府进行干预，将其改造为想象中的"完美世界"，起码也要尽可能地接近"完美世界"，这是完全错误的。

博弈论是数学不是经济学

在《麻辣烫经济学：经济学通识二十一讲》中，我分析过"囚徒博弈"中个人理性和集体理性可能有冲突这一说法的错误。这里，我再分析"智猪博弈"的错误。当然，这里谈的"智猪博弈"的错误，在"囚徒博弈"中也是存在的。

"智猪博弈"是这样的：假设有一个很长的猪圈，在猪圈的两端，一端是杆子，另一端是食槽。这边拉了杆子，那边才会有食物掉入食槽。现在猪圈里有两头猪，一头大猪，一头小猪。不管是谁跑去拉杆，再跑回来吃，都要消耗能量，而守候在食槽旁的猪占便宜，可以先吃到食物。那么问题来了，谁去拉杆？

下图是博弈的支付矩阵，有 4 种情况：（1）小猪、大猪都不拉杆，谁都没得吃，它们的收益都是 0；（2）小猪拉杆，大猪守候，小猪收益 –1，大猪收益 9；（3）小猪、大猪都拉杆，小猪收益是 1，大猪收益 5；（4）大猪拉杆，小猪守候，小猪收益 4，大猪收益 4。

		大猪	
		拉杆	守候
小猪	拉杆	1, 5	-1, 9
	守候	4, 4	0, 0

大猪和小猪各有两种选择，它们的最佳策略是什么呢？

如果你是小猪，你怎么办？选择等待，因为无论大猪拉杆还是守候，你守候的收益都最大。

那么，大猪会不会也选择守候呢？不会。因为在小猪"守候"的选项里，大猪选择"拉杆"收益更高。如果大猪单方面改变策略，它的收益将从4变为0。

"智猪博弈"的结论是：小猪守候，大猪拉杆。如果你是第二名，你应该等待大猪做拉杆的事情，而你要学会的是合理"搭便车"。

例如，如果你是一家创业公司，你认为智能手表的浪潮要来了，你刚想做，突然听说苹果公司也要做智能手表。这时你应该怎么办？你是抢在苹果公司之前推出来，还是等苹果公司先做出来，你再推？智能手表市场的"杆子"，就是告知"你真的需要智能手表"。按智猪博弈策略，你应该等一等，让苹果公司先去"拉杆"。

据说，小米公司就曾成功地运用了这个策略。早期小米公司也想做智能手表，但他们没有做。为什么？因为小米公司如果去跟用户说，你们需要一款智能手表，用户可能会想：手机这么好用，为什么要用手表呢？对那时的小米公司来说，告知用户智能手表的价值,是件非常困难的事。那就让苹果公司这只大猪先去做,一旦苹果公司做起来了,整个供应链、配套产品、上下游关系都会更成熟。小米公司借力前行,跟着苹果公司推出,最终其智能手表反而卖到了全球第一。

我的问题是:这叫经济分析吗?

当然,不是说没有博弈这回事。一般均衡要考虑各种因素的相互作用、相互影响,这不是博弈是什么?

我也不是说纳什等人搞的博弈分析就没有意义。人家玩的是:给定支付矩阵,求均衡解。但这是数学,不是经济学,不能用这样的博弈论来解释现象、冒充经济学。

如果把"智猪博弈"严格地翻译出来,就是,如果大猪和小猪博弈的支付矩阵如上图所示,那么博弈的结果是:小猪守候,大猪拉杆。这不是理论,充其量只能算一个命题、一个现象。

之所以得出"搭便车"是小猪的最优策略,关键在于支付矩阵是那样设定的。一旦支付矩阵中的数字(收益)变了,结论也就变了。

理论要完备、兼容。如果一个理论能够解释一部分现象,却解释不了另一部分同类现象,那就不是正确的理论,至少不是好理论。如果大猪和小猪博弈的时候,搭便车始终是小猪的最优策略,那么又怎么解释生活中大量小猪不搭便车、超越大猪的现象呢?

注意:我没有说不存在小猪搭便车的例子,我说的是也存在小猪不搭大猪便车的例子。一个好的理论,甚至可以说,要成为正确的理论,就必须同时能够解释这两种现象。

对于经济解释来说,关键要讲清楚支付矩阵为什么是这样的,而这是由博弈者所处的具体环境、约束条件决定的。在真实世界,同样是大猪小猪的博弈,有无数种支付矩阵的可能性,怎么能用一个特定的支付矩阵得出一般的含义呢?

整个博弈论的根本问题就在于:没有把功夫用于考察博弈者所面临的具体约束,而是用一个特例得出一般含义。就其本质来讲,博弈论不是用理论解释现象,而是用现象解释现象。我简直不明白,为什么那么多高智商的经济学者跑去玩博弈论。

第八章
行为经济学误入歧途

那个否定理性假设的"经典实验"不成立

行为经济学有个著名的推翻了理性假设的"实验":拿100元钱在张三、李四两人之间分配。游戏规则是这样的,如果两人都接受分配结果,那么他们各自得到所分配的份额;但是,假如有一个人不接受分配结果的话,那么两个人什么都得不到。

实验及其结果如下:给张三50元,给李四50元,张三、李四都接受分配结果,他们各自得到50元;给张三51元,给李四49元,张三、李四都接受分配结果,张三得到51元,李四得到49元……给张三99元,给李四1元,李四不接受分配结果,张三、李四全都不能得到任何收入。这样问题就来了:对李四来说,得到1元难道不比什么也得不到好吗?尽管他分得的比张三少,甚至少很多,但有总比无强,看来理性人假设未必总是成立的。

他们解决问题的办法是引入公平。就是说,经济学不仅要考虑效率,还要考虑公平。

毫无疑问,并非公平不重要,也不是公平对于效率没有影响。问题在于：公平更多的是价值判断，一百个人有一百个答案，那么什么才是公平呢？是起点公平算公平，还是结果公平算公平？拿这个"实验"来说，公平与不公平的边界在哪里？是张三李四各得 50 元公平，还是张三得 51 元、李四得 49 元公平？恐怕谁也回答不了。

我思考的是：这个要引入公平才能解决的问题，能不能在效率的框架内得到解释呢？

且让我把"实验"改一改：张三拿到钱就去火星生活，李四则还留在地球上。反过来也可以，没有其他含义，无非是让张三、李四两个人分了钱后就天各一方，彼此不产生后续影响。现在给张三 99 元、李四 1 元，李四会接受吗？李四一定会接受的。

问题不在于李四只得到了 1 元钱，比张三少很多，不公平，因此李四拒绝接受分配结果；而在于，这个分配结果会影响张三、李四未来的竞争力，会影响他们未来的分配结果。李四比张三分得的少很多，很大可能决定了在未来李四比张三分得的也会少很多。

初始分配会影响未来结果，所以，不能不考虑初始分配的动态效应，然后说人们不接受有比无强的结果就不理性，就得出经济学的理性假设不成立。实际情况正相反，李四不接受张三 99 元、自己 1 元的分配结果，恰恰是理性。

分配规则（游戏规则）是内生决定的，不是外生给定的，更不能由经济学家凭想象给出。在张三、李四分得了钱后会产生进一步的动态影响的世界中，张三怎么可能不预期分配结果对于李四的影响以及李四的反应呢？所以放心好了，张三99元、李四1元的分配方案，不仅李四不同意，张三也不会同意。张三、李四都不同意的方案，在真实世界是不可能存在的。张三99元、李四1元的分配方案，不过是经济学家们在书斋里想当然的产物。我们怎么可以用一个想当然的非理性"实验"去否定真实世界的理性呢？

我有一位叫陈天庸的企业家朋友，他清醒地知道福利主义的坏处，但是他又主张还是要有适当的福利。他认为，适当的福利是富人向穷人赎买和平。你看，现实中哪有不考虑对方感受、想法的，都是在权衡各方利益之后再决定自己的行动，非理性从何说起？

经过我的改进，这个"实验"完全没有必要引入公平这个因素了。

再说了，"实验"中是第三者拿自己的钱给大家分，哪有什么公平的问题。只有钱本来是张三、李四共同的钱，分配的时候才存在公平问题。

现在的经济学很糟糕，遇到解释不了的现象，就引入新的因素，这哪里是科学啊！

社会科学不可能像自然科学那样做可控实验，很难甚至根本就不可能彻底控制"其他因素不变"。严格来说，社会科学的"实验"都是不可重复的，因此并不是真正意义上的实验。

还是以这个"实验"为例。你把这个"实验"拿在教室里做，和放在火车站去做，答案肯定会不同。在教室里，李四会拒绝张三 99 元、自己 1 元的分配方案，但在火车站，李四就会接受。就是说，有没有控制住初始分配对于未来的动态影响，结果是有天壤之别的。

再比如，你找没有收入的学生和有收入的成年人，同样做这个实验，结果也会不一样。即使都是有收入的成年人，富人和穷人的结果也会不一样。原因在于，你把 1 元钱看作固定价值的 1 元钱，就不能理解李四放弃 1 元钱的行为。可是经济学假设了边际效用递减，就是说，同样 1 元钱在没有收入的学生和有收入的成年人那里、在穷人和富人那里，其价值是不一样的。在成年人那里，特别是在有钱人那里，1 元钱的价值约等于 0，不要它，当然也就不是非理性行为了。事实上，很多人见到地上有 1 毛钱是懒得捡的，这跟公平、尊严没有任何关系。

假如"实验"对象是比尔·盖茨，他不要这 1 元钱，是非理性吗？假如换了我，给张三 99 元，给我 1 元，我会拒绝，但如果给张三 99 万元，给我 1 万元，那么我一定会接受。

总之，社会科学的"实验"充满了陷阱，必须谨慎用"实验"结果否定经济学基本假设。

理性和完全理性、有限理性不是一回事

批评主流经济学的理性假设没有错，因为主流经济学错误地把理性当成了完全理性。但是用有限理性替代理性同样也是错的，表明也没有理解理性假设的本质。

关于理性的讨论，要追溯到亚当·斯密的经济人概念。理性经济人假设在新古典经济学那里得到进一步强化。新古典经济学认为，经济人具有完备的、单一的或内在一致的偏好，拥有完备的信息和无懈可击的计算能力，在经过深思熟虑之后，会选择能更好地满足自己偏好的行为。

对古典、新古典的理性经济人假设持异议的传统可追溯到凡勃伦甚至更早，并且在西蒙那里发展到高峰。西蒙提出有限理性的概念以批判古典、新古典的理性经济人假设。

可是理性与完全理性、有限理性是不同的概念，它们根本就不是一个层面的东西。

完全理性是指人们拥有单一的效用函数，能够正确地、无成本地认识客观环境或约束条件，并把有关参数综合到这个单一的效用函数中，求得最优解。有限理性则是指人们未必拥

有单一的效用函数，也不能完全地、无成本地认识客观环境或约束条件，并把有关参数综合到这个单一的效用函数中，求得最优解。与完全理性和有限理性相关联的，是环境的复杂性和不确定性，以及人的认知能力的局限性。理性不同，理性是指追求约束条件下的利益最大化。

首先，什么是利益？利益是一个主观的东西。有人逐利，有人求名，有人爱江山，有人爱美人，都是逐利。不能说你爱江山就是逐利，我爱美人就不是。这就是主观价值论。主观价值论极其重要。不坚持主观价值论，经济学就无法做到完备、兼容，就不能自圆其说。

其次，逐利是在约束下进行的。就是说，人们追逐的不是漫无边际的利益最大化，而是约束下的利益最大化。为什么我不追求女明星、焦大不会爱上林妹妹？不是我不喜欢女明星，也不是焦大不喜欢林妹妹，是我们的条件达不到、够不着啊！即便坚持主观价值论，如果离开约束谈最大化，经济学同样无法做到完备、兼容，同样不能自圆其说。

再次，约束有两种，一种是客观存在的约束，另一种是主观认识到的约束。理性的实质不在于人们能否正确地认识客观存在的约束条件，并依据这个约束条件追求目标函数的最大化，而在于人们是否根据自身所认识到的约束条件，寻求该约束条件下的利益最大化。

就是说，理性不在于你追求的目标是什么，而在于你是否追求约束条件下该目标的最大化，而且这个约束条件不是客观存在的约束,而是主观认识到的约束。举个例子,昨天我买了股票,今天股票就大跌,下午我浇了草坪,晚上就是一场大雨,能不能说我是非理性的?不能,因为以我昨天所掌握的信息来看,股票就是要涨,我也不知道晚上要下雨。只有我明明知道股票要跌,偏偏还买股票,明明知道晚上要下雨,偏偏还去浇花,这才是非理性。

理性假设的实质是说,人是有目的的,他想最有效地实现自己的目标。

说得简洁一点,"约束下的有目的行动"就是理性,也可以说是"约束下的趋利避害行动"。因为约束是主观对于客观的反映,因此也可以这样通俗地解读理性:认为这样做对自己好,就做了,这就是理性,只有明明认为这样做对自己不好,偏偏还要做,才是不理性。

这个理性概念概括了所有的人类行为,除非是下意识行为或者精神病行为。这样的理性假设怎么能否定呢?如果这都被否定了,那么真不知经济研究该怎样进行了。

种种看似不合理的行为,深究下去,其实恰恰是理性行为。

犯罪是不是理性的?研究发现,如果被抓的概率高,那么犯罪率就低;反之,被抓的概率低,那么犯罪率就高。但如果惩罚过严,那么犯罪也会增加,因为杀一个人是死,杀两个人也是死,已经犯了罪、杀了人,就不在乎再犯罪、再杀人了。可见,犯罪也是理性行为。

理性与犯错误、做蠢事不矛盾。犯错误、做蠢事与完全理性才矛盾。种种错误，其实是信息不充分、知识不足所导致的。学生考试答错了题，不是他不理性，是因为他不知道哪个是正确答案。企业家经营失败了，不是他不理性，是因为他对市场的判断出现了偏差。

理性和犯错误不矛盾。不能因为信息不充分、知识不完备而犯错误就说人是不理性的。

千万别以为都有"理性"两个字，就认为理性、完全理性、有限理性是同类事物，理性跟完全理性、有限理性不是一回事。主流经济学把理性处理成完全理性是错误的，行为经济学拿有限理性去否定理性，同样也是错误的。跟有限理性相对应的不是理性，而是完全理性。完全理性和有限理性才是同类事物。可以用有限理性否定完全理性，但是不可以用它去否定理性。

总之，检验是否理性，不是看行为人在追求什么，而是看他是否在给定的约束下最有效地追求他所追求的，而且这个约束不是客观存在的约束，而是主观认识到的约束。理性与做蠢事不矛盾，他的认识错了，根据自己的错误认识做事，当然是蠢事。

没有理性人假设，怎么能有成本概念呢

阿尔钦讲，一群傻子去开加油站，有的开在山顶，有的开在河边，最终只有开在公路边的活下来了，因此人是不是理性不重要，最终的结果和假设人是理性的会是一样的。

阿尔钦的这个分析，其实暗含一个重要的前提，就是除了这群傻子，其他人都是理性的。否则，如果所有人都是傻子，还能不能得出把加油站开在公路边就能活下来的结论？不能了，因为傻子们不是把车开到悬崖下摔死了，就是开到河里面淹死了，公路上都没有车跑，或者只有很少的车在那里胡乱跑，凭什么开在公路边的加油站就能活下来呢？

如果人都是不理性的，那么这个社会会怎样？会是一个无序的社会，会是一个没有任何规律可循的社会。如果植物的叶子不一定是"追求"最大程度地晒到光，那么有的向上长，有的向下长，有的横着长，世界还会是我们今天看到的样子吗？

理性是指追求约束条件下的利益最大化，也仅仅指追求约束条件下的利益最大化。

理性的本质是什么？是最大化。当然也可以对偶地讲是某个东西的最小化。比如收益最大化的对偶就是成本最小化。那么我们就要问了，离开了最大化或者最小化，还能构建经济学体系吗？别的不说，否定最大化或者最小化，还有成本概念吗？成本是放弃的最高代价。为什么不是放弃的最低代价，也不是放弃的中不溜的代价？这本身就有最大化的含义。

如果我们承认世间充满竞争，万物都是竞争的结果，那么必然是最大化或者最小化某个东西的结果。对于理性概念来说，最大化什么不重要，最大化本身才是根本，那么怎么可以否定理性假设呢？经济学是科学。科学不问什么是利，这是主观的东西，没有客观标准。经济学只问如何在给定的约束下最有效地达到你的目的。这本身就是最大化问题啊！

理性是指追求约束条件下的利益最大化，这意味着无论是西蒙的满意决策，还是奈特的感情决策，还是阿尔钦的模仿决策，当然也包括塞勒教授的凭直觉决策或者根据从众心理决策，都与理性不矛盾，有很大可能性，这些恰恰是理性行为。如果调查约束条件的费用太高，满意决策、感情决策、模仿决策、凭直觉决策、从众决策当然就是最优选择了。当精确计算的成本太高的时候，就应该放弃精确计算，这本身就是利益最大化的应有含义啊！

所以，有时候抓阄、瞎蒙也是理性行为，也是利益最大化计算的结果。

恐怕人人都有考试不会做选择题的时候，一般来说，大家都会选择瞎蒙。能不能说瞎蒙是不理性呢？不能，因为时间紧，又不会。只有会，时间又够，还瞎蒙，才是不理性。

有人说，不要管人是不是理性的，经济学是研究存活条件、存活规律的学科。不管你研究什么，要建立完备、兼容的理论体系，必须是公理体系，必须要有自己的公理假设。

没有自己的公理假设，岂不是要陷入循环逻辑的泥潭，那么还谈什么科学呢？

试想，要说明甲概念，要不要借助乙概念，要说明乙概念，又要不要借助丙概念？一路下去，是不是总有一个概念是不能用别的概念来说明的？相反，它是用来说明别的概念的逻辑基础，否则就是循环逻辑。这个概念就是不定义概念。同样的道理，要证明甲命题，需要借助乙命题，要证明乙命题，又需借助丙命题，一路下去，总有一个命题是不能用别的命题来证明的，相反，它是用来证明别的命题的逻辑基础，否则也是循环逻辑。这样的命题就是公理。

一切科学理论，归根结底都是建立在不定义概念和公理假设基础上的公理体系。

欧氏几何是公理体系，概率论是公理体系，牛顿力学是公理体系，相对论是公理体系……世界上就没有不是公理体系的科学理论。科学与非科学的根本区别之一正在于是不是公理体系，能不能建立公理体系。我们讲社会科学，其实，只有经济学是科学，因为只有经济学是公理体系。经济学之外的其他社会学科，是不能叫作科学的。

作为研究人的行为的经济学，不用理性假设，那么你的公理假设是什么？你当然可以用别的做公理假设，但是，你不可以没有公理假设还能构建科学理论。

其实，既然是公理假设，就无须证明，严格来讲也是证明不了的。我们真正应该关心的是，在这个公理假设基础上建立起来的理论有没有解释力。因此，我们不能不问，你用别的公理假设建立的经济学理论，能够比建立在理性假设基础上的经济学具有更强的解释力吗？而且还要强调，你可以不用理性假设，那么你就不要用"放弃的最高代价"这个成本概念了。

事实上，如果否定理性假设，那么需求定律也不一定成立了。那些否定理性假设的学者们，是否在使用需求定律、供求模型呢？

在经济学中，理性问题不是 abc，而是整个理论大厦的基石。基石不牢，那么建起来的不是空中楼阁，就是比萨塔。不正确处理理性问题，就不能建立完备、兼容的经济学体系。

利他要处理成利己的产物

塞勒认为利己原则（R.Thaler，1988a）不是完全有效的，人们可能无私地牺牲掉自己的利益来进行慈善捐赠。因此，人既不完全利己，也不完全利他，只是个非完全理性的个体。

可以假设人是利己的，也可以假设人是利他的，但是不能假设人既可能利己，也可能利他。假设人是利己的，那么可以推断，地上有 50 元钱，四周又没有人，你会把钱捡走。如果没有人捡，那么利己经济学就被证伪了。假设人是利他的，那么可以推断，钱不会被捡走。如果被捡走了，那么利他经济学就被证伪了。但是，如果假设人既可能利己，也可能利他，那么就没有办法证伪了，因为你总是"对"的。钱被捡走了，你说人是利己的；钱没有被捡走，你又说人是利他的。所以，经济学的假设只能在利己和利他之中选择其一。

那么经济学选择利己假设好，还是利他假设好？要看谁的解释力强。在利己假设下，可以解释利他的行为，但在利他假设下，无法解释利己的行为，因此经济学选择利己假设。

利己假设和利己行为不是一回事。利己的人可以做出利他的行为，也可以做出损他的行为。

表面上，利己行为与利他行为是对立的两种行为，然而在根本上利他行为源于利己。亚当·斯密讲的"个人的功利计算在道德规范的形成过程中扮演了重要的角色"，就是这个道理。

你在火车站、旅游景点买东西，挨宰的可能性就大一些；但在小区的商店买东西，挨宰的可能性就小得多。这并不是火车站和旅游景点的商人天性就坑蒙拐骗、不讲信誉，小区的商人天性就讲信誉、不宰人。

小区的商人之所以不宰人，是因为他知道他的顾客是附近的居民，他期望他们成为回头客，以后还能赚他们的钱。火车站、旅游景点的商人，他的顾客买了东西就天各一方。肯定能宰，为何不宰？所以讲信誉、不宰人，利益使然；不讲信誉、宰人，同样是利益使然。

同样的道理，义气、守时、不讲假话等社会美德，也都是人们功利计算的结果。

你把义气、守时、不讲假话看作利益计算的结果，就可以解释有时候人们可能不讲义气、不守时、讲假话。反之，如果你都归结为是人品、人性，那么就无法解释人的多变性。

一个人做慈善，并不意味着他就违反了利己假设，只是说他追求的不是财物这样的利，而是名声这样的利。不管是财物，还是名声，归根结底都是利，必须这样一般化地看问题。

不要问慈善是不是利己的，因为按照定义，所有行为都是利己的。正如弗里德曼所说，追问企业是不是实现了成本最小化，这是一个愚蠢的问题，因为我们假定企业追求利润最大化，本身就意味着成本必然最小化。问人的行为是不是利己的，同样是一个愚蠢的问题。

正确的问题是：一种是署名捐钱，另一种是匿名捐钱，哪一种方式下他捐的钱多？

正确的问题是：假如不允许以邵逸夫的名字命名大楼，他会捐得更多还是更少呢？

如果匿名时捐得少，那么就不能说慈善是无私的，只能说这个时候他追求的不是财物这样的利，而是名声这样的利。只有匿名时捐得多，才推翻了利己假设。有这样的例子吗？

亚当·斯密已经明确指出了这一点：商人关注企业的社会责任，或者关心慈善事业，不是因为利他的缘故，而是因为在既定的社会环境之中，这样的行为对于最大化他们的利润是必需的。

人的利己既有造福社会的一面，也有危害社会的一面；既能导致利他的行为，也能导致损他的行为。你可以不要损他行为，但不能不要利己。因为没有利己，也就不会有利他行为。

经济学应该关注的是，在怎样的约束条件下，利己的个人会有损他的行为，在怎样的约束条件下又会有利他的行为；在怎样的约束条件下，人的利己造福社会的一面大于危害社会的一面，在怎样的约束条件下造福社会的一面又小于危害社会的一面。这才是问题的根本。

亚当·斯密强调在"看不见的手"的作用下,人的利己具有促进生产、增加社会福利的一面,但是他没有考察"看不见的手"发挥作用的前提条件。最重要的条件,就是私有产权和法治。

在私有产权受到严格保护、法治又有保障的前提下,一个人爱财,就只能通过努力发明创造、降低成本来实现,不能偷、不能抢、不能骗,因为那样就侵犯了他人的产权,会受到法律的制裁。利己不等于损人利己,而且损人利己也不是利己的错,而是制度不完善的错。

要把利己的人性与具体的损人利己行为区别开来。不是利己不好,而是损人利己不好。如果没有利己,虽然没有了损人利己,但也没有了利他行为。要想避免损人利己发生,正确的做法不是否定利己,而是靠契约和制度来避免损人利己发生。有小偷不可怕,可怕的是人们没有防范小偷的积极性,人人利己反而不能损人利己。人人利己,你却损人利己,谁还跟你玩?

实际上,如果没有私利,也就不知何为利他?一个不爱自己的人,不爱家人的人,会爱他人吗?利他的基础是利己。没有对私利的追求,我们不知利他为何物。如果人人都利他,那么利他就绝不可能成为美德。我们都利他,你要利己才是顺我们的意愿啊!

所以,利他跟利己并不矛盾。

换零钱现象证明"禀赋效应"并不存在

"禀赋效应"是学术界认定的塞勒的三大开创性贡献之一。

"禀赋效应"概念首次出现在塞勒 1980 年的论文《论消费者选择的实证理论》中，其具体内涵为：个人一旦拥有某项物品之后，其对该物品价值的评价就比没有拥有它之前大大增加。

为了证实"禀赋效应"的存在，塞勒和卡内曼共同合作了一项著名的实验：他们发给被试者一个茶杯，再用价值相同的巧克力去交换茶杯，结果被试者不愿意放弃茶杯；然后，他们发给被试者巧克力，又用价值相同的茶杯去交换巧克力，结果被试者又不愿意放弃巧克力。

这个实验里的被试者都是随机抽取的，这就排除了系统性的偏好偏差。

被试者前后两次的钟爱对象为什么不同呢？原因就在于"禀赋效应"的存在——人们一旦拥有了某物之后，再放弃它就难了。所谓"敝帚自珍"，就是这个道理。

主流经济学出于数学化的需要，把价值相等的物品处理成具有完全的替代性。在主流经济学中，位于无差异曲线上的任意两点，都具有完全的替代性。因此，在主流经济学那里，的确无法理解"持有了茶杯就不愿放弃茶杯，持有了巧克力又不愿放弃巧克力"的现象。

但是，这并不意味着存在什么"禀赋效应"。现实世界的交换，根本不是无差异曲线所假定的那样，只有双方都认为交换所获得的价值超过自身所放弃的价值，才有可能交易。如果从交换中得不到任何好处，干吗要交换呢？当然是持有手中的物品。

买卖双方都从交换中获益，这是一个古老的经济真理。如果要你放弃一项权利，你要求的报酬会高一些；如果要你花钱购买这项权利，你肯花的金额要少一些。人们对已经拥有的茶杯索取较高的价格，而对尚未拥有的茶杯开出较低的价格，本来就该如此。

造成现实世界与主流模型不一致的根源在于现实世界有交易费用。在主流模型里，价值相等的物品可以无成本地互换，可是在现实世界，哪怕是举手之劳，毕竟还是有"劳"的。

现实中，价值相等是不会有交换的。然而，在零交易费用的世界，虽然没有收益，但是也没有成本，因此可以假定价值相等的物品之间存在交换。但这在正交易费用的世界绝无可能。

因此，正确地证明存在"禀赋效应"的实验应该是这样：明确告诉被实验者，茶杯和巧克力价值相等，不仅价值相等，变现能力也完全一样，被实验者可以方便地、无成本地交换任何一种东西。在这种情况下，如果他还是不愿意放弃他已经持有的，这才证明了"禀赋效应"的存在。

但在真实世界，这是不可能的。交换后没有任何好处，可是交换有成本（尽管可能只是微不足道的成本），当然选择不交换了。这不是什么"禀赋效应"，而是交换有成本的缘故。

所以，所谓的"禀赋效应"，不但没有否定理性，恰恰是理性的证明。

还有一种情况也要考虑进来，就是人一旦拥有了一种东西，可能就对它赋予了某种记忆、特殊感情。所以，在持有者和外人的眼里，它其实不是一种东西。我自己人生的第一台笔记本电脑，早已经不能用了，可以说价值为零，但是我一直没有扔掉，你给我 100 元，甚至 500 元，可能我都不跟你交换，因为这个笔记本承载了我的一段记忆，它已经不是普通的笔记本了。

现实中，最接近这个实验的是换零钱。钞票价值相等，信息费用为零，基本上也不耽误做事，因此交换成本为零。如果"禀赋效应"真的存在，那么这种换零钱的现象就不会发生。可是生活中每天都在发生换零钱的现象，换零钱现象说明没有"禀赋效应"这回事。

如果真的存在"禀赋效应"，那么现实中离婚的现象就不应该这么普遍。

至于从"禀赋效应"推导出人有"损失厌恶"的倾向，即同样的东西，损失对心理造成的影响远大于得到。比方说，如果你在路上捡到100元钱，会高兴一会，但是如果丢了100元，很可能就会懊恼半天。这其实跟"禀赋效应"也没有关系。经济学假设了人具有凸性偏好，也就是边际效用递减。既然边际效用递减，增加的1元钱的价值就小于减少的1元钱的价值，因此捡到100元只高兴一会儿，但是如果丢了100元却会懊恼半天，这不是很正常吗？

做股票的人大都将止盈的幅度设置成高于止损的幅度，这也不是因为损失对心理造成的影响远大于得到。之所以这样设置，是因为边际效用递减，损失的1元钱的价值大于赚取的1元钱的价值。并不是人们"趋利"和"避害"的权衡方式不同，而是同样的数目，损失比获得价值更大。

既然"禀赋效应"不存在，那么根据"禀赋效应"否定科斯定理——即使交易费用为零，由于存在"禀赋效应"，产权的初始配置也是极其关键的，这种批判是不是就更没有依据了？

广泛存在的放贷行为否定"双曲贴现"

"双曲贴现"是塞勒教授的又一重要发现之一。

什么叫"双曲贴现"？比如，今天是 2017 年 10 月 21 日，假定我给你 100 万元，而如果你愿意等一个月，到 11 月 21 日就给你 110 万元，你是选择现在的 100 万元，还是一个月后的 110 万元？实验证明，大部分人选择现在的 100 万元。但是，如果假定十年后，2027 年 10 月 21 日给你 100 万元，2027 年 11 月 21 日给你 110 万元，大部分人又选 11 月 21 日的 110 万元。也就是说，事情离我们越近，就越认为今天重要，离我们越远，哪一天就没有那么重要了，并且今天对明天的重要性和明天对后天的重要性，程度是不一样的。

传统经济学认为，人的时间偏好可以通过贴现，在今天、明天、后天之间建立起等价关系。就是说，如果每个月的风险损失固定不变，那么选择现在的 100 万元，就会选择十年后的 100 万元；选择一个月后的 110 万元，就会选择十年零一个月后的 110 万元。可是，为什么出现了今天对明天的重要性和明天对后天的重要性不一样的现象呢？行为经济学认为传统经济学的理性人假设错了,"双曲贴现"说明人们并不一定理性。

我感兴趣的是,行为经济学的这个"双曲贴现"现象,传统经济学真的解释不了吗?

为什么实验者会选马上到手的 100 万元,而不是一个月后的 110 万元,毕竟一个月也挣不到 10 万元啊。原因在于,今天到手的 100 万元是确定收入,一个月后的 110 万元是风险收入。人们宁肯选择今天的 100 万元,也不要一个月后的 110 万元,只能说,人们判断后者风险太高。人们担心,一个月后你后悔不给我了怎么办。这相当于风险无限大。

姑且不说风险无限大,假设每个月有 11% 的风险损失,因此一个月后的 110 元,扣除风险损失后的确定性等价收入为 990991 元,那么当然要现在的 100 万元了。

问题在于,同样前后只差一个月,为什么人们选择十年后晚一个月的 110 万元,而不是早一个月的 100 万元呢?如果十年后都没有违约,能收到 100 万元,就说明平均来说每个月的违约风险低。例如,如果把每个月的违约风险下调为 1%,那么十年后的 100 万元的现值是 302995 元,十年零一个月后的 110 万元的现值是 329994 元,后者比前者大,因此当然要选择十年零一个月后的 110 万元,而不选十年后的 100 万元了。

一般来说,短期风险低,长期风险高。可是在塞勒的这个"实验"里,被实验者对短期风险评价高,对长期风险评价低,于是出现了"双曲贴现"这样一个反常现象。

那么，为什么被实验者会对短期风险评价高、对长期风险评价低呢？

答案在于：现实世界没有人无缘无故给你100万元。这是一个连个基本参照都没有的事情。理性的人自然选择要现在的100万元。之所以出现"双曲贴现"，完全是因为实验者疏忽了实验细节。正确的证明存在"双曲贴现"和非理性的实验，应该像真实世界的商业运作那样，签署受法律保护的协议，并提供资产抵押，再让被实验者选择。那么被试者会怎样选择呢？

如果"双曲贴现"真成立，大家都偏好现在，为什么还有那么多人放贷呢？

在真实世界中，假如你选择现在的100万元，而不是一个月后的110万元，那么就是不放贷。可是有法律保障、有资产抵押的条件下，有稳定的回报，这笔贷款你不放？

能在真实世界找到一个案例，也就是，在有法律保障、有资产抵押、风险稳定不变的情况下，今天选择不放贷，然而十年后又选择放贷，那样才能证明有"双曲贴现"。

谁说人不理性？让你在现在的100万元和一个月后的110万元之间选择，因为从来没有这种事，没有任何借鉴参考，无从评价风险，你当然要先拿到这100万元再说。一旦变成选十年后的100万元，还是十年零一个月后的110万元，你马上就会想，既然十年后都没有违约，说明风险很小，于是你又选择十年零一个月后的110万元。这才是妥妥的理性啊！

"双曲贴现"只是风险预期变化下的一个现象，并不是一个规律。

在真实世界，人们会根据风险和利率，在现值和未来值之间确立一个等价关系。可是在这个"实验"中，现值和未来值是实验者随便给定的，风险是被实验者在没有任何参照的情况下主观给出的，通过设定不同的风险和未来值，就可以得出不同的实验结果。通过对这两个参数的不同设置，"选现在的100万元，选十年零一个月后的××万元""选现在的100万元，选十年后的××万元""选一个月后的××万元，选十年后的100万元""选一个月后的××万元，选十年零一个月后的××万元""随便哪一个，随便哪一个"，其中任何一种组合都可能出现。如果我们用这样的实验去得出经济学含义，是不是太随意了？

还有，"实验"和真实的交易不一样。实验中的测试者和被测试者都不是真实的交易者，并不为他们的行为付出代价。我们说不付出代价的事情，是不可信的。

我反复讲，所谓的社会科学"实验"充满了陷阱，不可以简单地从中得出结论。

心理账户、凸性偏好与需求定律

心理账户被学术界视为塞勒的又一创新贡献。

所谓心理账户，就是"人人心里都有几本账"，即人们并不会进行统一的成本收益核算，而会在心里构建很多个分门别类的账户，分头进行计算。

传统认为，只要价格不变，你口袋里的100元钱，不管什么时候都是同样的100元。然而塞勒告诉你，其实并不是这样。比方说，你买了20万元的股票，今天股价涨了100元，你很可能没什么感觉，但如果这100元是你捡到的，就完全不同，午饭要加个鸡腿吧？还有一个常见的例子就是，很多人平日生活很节省，出去旅游的时候却变得很大方，吃比平时贵几倍的饭，买平时绝对舍不得买的高价衣服，眼睛都不眨一下。

这都是因为，我们在收入和消费的时候，并不会进行统一的成本收益核算，而会在心里构建多个分门别类的账户，分头进行计算。工资收入有工资收入的账户，股票赚钱有股票赚钱的账户，意外收入有意外收入的账户。平时的消费也是这样，吃饭有吃饭的账户，买衣服有买衣服的账户，上学有上学的账户，看病有看病的账户，旅游有旅游的账户，各自独立，各自有不同的评价标准。100元钱在这个账户消费的时候很贵，在那个账户消费却很便宜。

首先，从收入的角度看，并没有心理账户这回事。

至少对我来说，不管是涨工资的100元，还是彩票中奖获得的100元，是没有任何区别的。每一位朋友的经历都是一个实验。大家想想看，不同途径获得的收入，你会差别对待吗？

可现实确实又是这样：从股市挣来的钱，人们一般不会急着消费，而彩票中奖或者涨工资后，人们大多会增加消费。这是为什么呢？难道不是人们在区别对待所挣得的钱吗？

答案是：股市挣来的100元和彩票中奖的100元不一样。股市的钱是风险资产。今天你挣了100元，明天有可能赔掉，除非洗手不做了，这100元才等价于彩票中奖的100元。付出努力挣得的100元，与彩票中奖的100元，真实价值也是不一样的。假设你通过努力挣了100元，努力的成本是40元，那么你真实的收入只有60元。股市上挣的钱是有成本投入的，除了利息成本，还有时间成本。股市挣得的100元其实只值彩票中奖的60元。收入多就多消费，收入少就少消费，人们消费彩票中奖的100元，不消费股市挣来的100元，这其实是非常理性的行为。

所以，这并不是人们分账户区别对待所挣来的钱，而是这些钱本来就是不等价的。

其次，从消费的角度看，又确实存在心理账户。

的确，人们不会挪用吃饭的钱去买衣服，也不会挪用上学的钱去旅游，会分账户管理。但这并不是传统经济学不能解释的现象。经济学假设边际效用递减，也就是人具有凸性偏好。因为边际效用递减，人们不会把钱投入一个项目，而会分散到多个项目上，求得一个大致的平衡。严格表述，就是同样1元钱在不同项目上的边际收益相等。

但是心理账户理论与传统经济学又有不同的地方。传统经济学强调的是各项目加总在一起的总效用的最大化。一方面，要把钱分散到各个项目上去才能实现总效用最大化；另一方面，各账户中的资金又可以相互调节，因为要实现的是总效用最大化而不是分效用最大化。

我印象深刻的一件事情是，我小时候是吃不饱饭的，可是父亲还要卖粮食，因为要筹措我上学的学费，要筹措家里买煤油、食盐、肥皂等日用品的费用。我的父亲的确在分类决策，但他要兼顾每个项目，兼顾的目的是实现总效用最大化。

至于很多人平日生活节省，出去旅游的时候却很大方，这并不是这个账户的钱只在这个账户花，更不是说这就是不理性行为。这个现象，传统经济学也能给予很好的解释。

假设高档衣服是2000元，普通衣服是200元，加上一笔固定的路费后，你会发现，高档衣服相对于低档衣服变得便宜了。加的固定路费越多，相对于低档衣服，高档衣服越便宜。根据需求定律，价格便宜后，人们就更愿意买高档衣服。推到极致，如果加的固定费用是无穷大，那么高档衣服和低档衣服的价格就一样了。价格一样,你是买高档的呢,还是买低档的?

路费(元)	高价衣服(元)	普通衣服(元)	1 件高价衣服 = ? 件普通衣服
0	2000	200	1 件高价衣服 =10 件普通衣服
1000	1000+2000=3000	1000+200=1200	1 件高价衣服 =2.5 件普通衣服
10000	10000+2000=12000	10000+200=10200	1 件高价衣服 =1.2 件普通衣服
…	…	…	…
∞	∞ +2000= ∞	∞ +200= ∞	1 件高价衣服 =1 件普通衣服

把路费换成其他固定费用,就可以解释优质商品出口国外、豪宅挂金字招牌、好马配好鞍等广泛现象。买菜的时候你会一分一厘地计较,买名表的时候相差 100 元你都不会太计较,这都是同一个规律在起作用。1 元一斤的菜,价格差 1 毛钱,就差了 10%;5 万元的名表,价格差 100 元,几乎没什么差异。既然没有差异,计较什么?前者,消费者当然要斤斤计较;后者,自然又不会计较。这些现象跟心理账户没什么关系,更不能说是不理性。试问:买低价股的时候,你会一分一厘地计算,买高价股的时候,高挂低挂几毛钱都不当一回事,能说这是不理性?相反,这恰恰是理性啊!

心理账户能"解释"的现象,传统经济学也能解释。心理账户解释不了的现象,传统经济学却能解释。那么,创造这样的新词有什么意义呢?

政府助推美但逻辑有缺陷

塞勒教授的第三个被学术界公认的成就，是为克服人类非理性行为的助推。

芝加哥大学理查德·泰勒教授和哈佛大学法学院卡斯·桑斯坦教授合著的《助推：我们如何做出最佳选择》一书，主要探讨的就是经济中的个体往往深陷难以计数的偏见和非理性中，做出荒谬的决策，为此，两位作者建议政府应该用助推的手段帮助民众做出最优决策。

人们常常遇到美好的长期规划和短期诱惑之间的冲突。在传统经济学看来，人是理性的，会对长期的消费和投资做出合理的安排。然而泰勒提出，由于存在"双曲贴现"现象，也叫"非理性折现"，你今天对后天的关心，与明天对后天的关心是不同的，在每一个"今天"，你都会更重视现在，而不顾未来。如果存在"双曲贴现"，那么人对于未来的规划就未必是最优的。既然有这种效应存在，那么，如果这时有一个外部的力量来进行干预，就可以让个人福利达到更高水平。他把这种干预称为助推。

以社会保障为例。在部分传统经济学者看来，政府办理社会保障会造成浪费，如果把社保金还给个人投资，可以获得更好的回报，取得更好的效果。但从行为经济学的角度看，由于"双曲贴现"的存在，个人储蓄行为并不能保证是最优结果，这证明了社会保障的合理性。

那么，塞勒教授的助推与传统的政府干预又有什么不同呢？

不同在于，助推只是推动人们做决策，同时要保持选择的自由。

例如，政府颁布法令禁止人们食用垃圾食品不算助推，把低价的新鲜水果便捷地呈现在人们眼前，让人们主动选择健康食品，这才是真正的助推。政府要做的是用行为经济学的知识，对政策进行优化设计，引导人们在教育、投资、卫生保健、抵押贷款及环境保护等领域做出使人们更健康、更富有、更快乐的决策，做出对全社会乃至全球有助益的选择。

行为经济学学者经常举到的是荷兰阿姆斯特丹史基浦机场男洗手间的例子。阿姆斯特丹史基浦机场的男洗手间里面，每个小便池的内侧都雕刻有一只黑色的苍蝇。男性在方便时似乎总苦于找不到一个可供瞄准的靶子，因此常常搞得四周一片狼藉，而一旦他们发现了一个目标，便会专攻那一点，从而提高了准确性，减少了飞溅。想出这个点子的埃达凯布默介绍说："这提高了男性行动的精确度。男性一看到苍蝇，便会产生瞄准的冲动。"埃达凯布默是一名经济学家，他主持了史基浦机场的扩建。结果发现，小便池上的苍蝇使飞溅量降低了80%。

行为经济学的助推理论听起来很美，然而存在重大逻辑缺陷。

首先，助推哪里只是机场洗手间这样一个例子，助推的事天天都在市场上发生着。

今天的企业，都不是被动地满足消费者的需求，而是以各种方式引导、助推消费者。随便举两个例子。我所住的小区里，楼与楼之间是绿化带，有时候人们会图方便直接从绿化带的草坪走过。这踩踏了草坪。于是物业就在绿化带中间铺了一条石板小路。有了这条小路，人们从小路走过，就不再踩踏草坪了。再如，各种类型的培训不都是做着助推的事情吗？

其次，一般来说，政府助推和私人助推是性质完全不同的两种行为。

经济人固然会犯错误，但经济人犯的错误会由自己承担代价。就是说，经济人有改正自己所犯错误的动机，会不断纠正自己的错误，否则他就活不下去。然而政府不一样，政府犯的错误由全体人来承担，因此政府有掩盖错误的动机，而非纠正错误的动机。

逻辑上，政府做事不仅效率低，而且比私人更容易犯错误，并且还不容易纠正错误。

助推理论说政府只是推动人们作决策，同时保持选择的自由，但实际上，没有强制的话，政府是不大可能做成事情的。举个例子，政府提供公立教育，公民有选择读公立学校的自由，也有选择读私立学校的自由，似乎没有强制。但这只是表象，公立学校的钱来自税收，税收就是强制。由于政府经费来自税收，因此政府所从事的活动一般都带有强制的性质。

再次，如果否定理性人假设，认定人是非理性的，那么就推不出助推的结论。

人当然不一定总能做出正确的决策，但是不能以此否定理性人假设，更不能从中得出政府干预的结论。政府是由人组成的，非理性也同样适用于政府中的人，因此，他们又有什么能力助推他人呢？所以否定了理性假设，经济学的逻辑就不能自圆其说。

当然，有时政府确实可以进行助推。例如，想增加社会的人体器官捐赠比例，政府可以把捐赠制度从"选择加入"改革成"选择退出"。也就是说，过去是默认你不捐赠，必须填了表格之后才算捐赠；现在是除非你明确选择退出，否则默认你捐赠器官。很显然，捐赠的比例会大大增加，因为声明退出捐赠是有成本的，那些不是很在意、可捐可不捐的人就会选择不签退出声明了。但这不是人们不理性，恰恰是政府利用了人们的理性，包括自己的理性。